本书出版获得第 44 批中国博士后科学基金资助

（项目编号：20080440583）

媒介的直观

——论麦克卢汉传播学研究的现象学方法

范 龙 著

Intuition on Medium

Phenomenological Method of McLuhan's Communication Research

暨南大學出版社
JINAN UNIVERSITY PRESS
中国·广州

图书在版编目（CIP）数据

媒介的直观——论麦克卢汉传播学研究的现象学方法／范龙著. —广州：暨南大学出版社，2009.6
ISBN 978－7－81135－212－2

Ⅰ. 媒…　Ⅱ. 范…　Ⅲ. 传播学—研究　Ⅳ. G206

中国版本图书馆 CIP 数据核字（2009）第 033320 号

出版发行：暨南大学出版社

地　址：中国广州暨南大学
电　话：总编室（8620）85221601
　　　　营销部（8620）85225284　85228291　85220693（邮购）
传　真：（8620）85221583（办公室）　85223774（营销部）
邮　编：510630
网　址：http://www.jnupress.com　http://press.jnu.edu.cn

排　版：暨南大学出版社照排中心
印　刷：佛山市浩文彩色印刷有限公司

开　本：787mm×1092mm　1/16
印　张：11
字　数：150 千
版　次：2009 年 6 月第 1 版
印　次：2009 年 6 月第 1 次

定　价：25.00 元

作者简介

范龙，男，1976年生，湖北武汉人。1999年毕业于华中师范大学文学院，获文学学士学位。2002年和2007年毕业于华中科技大学新闻与信息传播学院，分获新闻学硕士、博士学位。2007年留校任教至今。现为复旦大学新闻传播学博士后科研流动站在站博士后、华中科技大学新闻与信息传播学院讲师、硕士生导师。主要研究方向为传播理论和教育传播。曾获2008年湖北省优秀博士学位论文奖。已在《新闻与传播研究》、《新闻大学》、《新闻前哨》、《高等工程教育研究》、《中国大学教学》、《现代教育科学》、《浙江大学学报》、《华中科技大学学报》、《重庆大学学报》、《湖北大学学报》等学术期刊上发表论文二十余篇，其中多篇被《新华文摘》和中国人民大学复印报刊资料《新闻与传播》、《外国哲学》、《文化研究》全文转载或收入索引。现主持中国博士后科学基金研究项目、湖北省教育厅人文社会科学青年研究项目、华中科技大学人文社会科学青年研究项目和华中科技大学人才引进基金研究项目各一项，并参与国家社会科学基金重大研究项目一项。

目 录

摘 要

作为一位在传播学史上具有重要地位和深远影响的学者，麦克卢汉的声名曾经大起大落，几度沉浮。有关他的评论无论是褒是贬，大都局限为一种随意性的言说，少有学理层面的探讨，缺乏严格意义上的学术价值；而对于其思维方法的认识则尤为肤浅混乱，长期充斥着各种不合事实、不负责任的狭隘偏颇的观点，严重阻碍了“麦克卢汉研究”的发展和深入。

针对上述状况，本书提出可以通过将麦克卢汉的思维方法纳入现象学的视野加以考察而对之作出某种相对确切和深刻的理解与判断。本书认为，现象学作为现代西方最主要的哲学思潮之一，具有极其重大的方法论意义，从根本上标志着一种以本质直观为核心的哲学方法。通过对麦克卢汉著作的文本学解读，本书发现，麦克卢汉的传播学研究明显体现出“面向事情本身”的现象学精神，其最具代表性的“媒介即讯息”的论点宣示了可被直观把握到的媒介本质，它作为对关于媒介效应的自我意识体验加以现象学的描述和反思的必然结果，实际上正表现了麦克卢汉在有关媒介的认识领域中对干本质直观的成功运用。基于上述认识，本书指出，麦克卢汉可被视为一位主观上虽未参加现象学运动，而客观上却在其学术实践中遵循和运用了现象学的基本原则与方法的“广义现象学家”，其传播学研究与现象学方法之间存在着显著联系。

在将麦克卢汉传播学研究的主要方法解释为现象学方法的基础上，本书进一步指出，作为传播学研究的两大传统方法的实证方法和批判方法，本质上分别是进行事实归纳的经验方法和进行理论演绎的思辨方法。通过比较，本书认为，现象学由于从哲学方法论上解决了传统的经验论和唯理论哲学所无法解决的“个别”与“一般”的关系问题，用强调“现象即本质”的本质直观弥合了“现象界”与“本体界”之间的鸿沟，因此有助于消除实证方法的“经验一般化”困境并补足批判方法的“总体性”缺陷，在某种意义上实现了对这两种传统的传播学研究方法的超越。

鉴于现象学方法相对于传统方法所具有的上述优越性，本书提出有必要将现象学方法引入传播学研究，其意义在于现象学方法可以丰富传播学研究的方法论体系、凸现传播学研究的时代特征并敞开传播学研究的思维视域。本书指出，在研究方法的薄弱业已成为阻碍我国传播学发展的巨大路障的情形下，必须兼容并包地借鉴包括现象学在内的西方传播学的方法论思想，以扎实的方法论研究来推进我国传播学的理论建设。

关键词：传播学　麦克卢汉　“媒介即讯息”　现象学　胡塞尔　本质直观

Abstract

As a scholar who has an important status and profound influence in the history of communication research, McLuhan has a reputation which once went through repeated rises and falls. The reviews about him are mostly confined to one kind of speech at will, short of discussions on the level of scientific principle and academic values in the strict sense, no matter they are praises or censures. In these reviews, the knowledge of McLuhan's method of thinking is particularly superficial and confused, flooded with kinds of unrealistic and irresponsible viewpoints based on a narrow field of vision all along. These prejudices seriously hinder the development in the depth of McLuhan studies.

In view of the present situation, the dissertation proposes that McLuhan's method of thinking may be accurately judged and deeply understood in the phenomenological horizon. The dissertation considers that phenomenology, as one of the most important philosophic thoughts in the modern west, is of extremely great methodological significance, and can be radically regarded as one kind of philosophic method which takes universal intuition as its core. Through the explanation of McLuhan's texts, the dissertation discovers that McLuhan's communication research obviously embodies the phenomenological spirit of facing matter itself, and as the inevitable result of phenomenological description and reflection on the self-consciousness about the effects of medium, his most representative argument that the medium is the message declares the essence of medium which can be grasped directly and in fact displays the successful application of universal intuition in medium understanding. For the above reasons, the dissertation points out that in a broad sense, McLuhan can be regarded as a phenomenologist who did not participate in the movement of phenomenology subjectively but really follows the basic principles of phenomenology and utilizes the basic methods of phenomenology objectively in his academic practice, and there is a remarkable relationship between McLuhan's communication research and phenomenological method.

On the basis of expounding the chief method of McLuhan's communication research as phenomenological method, the dissertation further points out that positive method and critical method, as the two basic traditional methods of communication research, radically are empirical method based on induction and speculative method based on deduction respectively. By comparison, the dissertation considers that on the level of philosophic methodology, phenomenology solves the problem of the relationship between individuality and generality, phenomenon and essence which can not be solved by the traditional philosophy of empiricism and rationalism, so in a sense, its universal intuition which regards phenomenon as essence bridges the gap between phenomenon and body, thus contributes to counteract the weaknesses of positive method and critical method, and realizes the transcendence over these two traditional methods of communication research.

In view of the above-mentioned superiority of phenomenological method compared with the traditional methods, the dissertation proposes that it is necessary to introduce phenomenological method into communication research, because phenomenological method can enrich the methodological system of communication research, highlight the characteristics of the times of communication research and widen open the vision of thought of communication research.

The dissertation points out that in the situation that the lack of research method's having been a huge roadblock which hinders the development of Chinese communication, it is necessary to make full use of all kinds of the methodological thought of western communication research including phenomenology, and advance the theoretical construction of Chinese communication with the solid methodology research.

Key Words: communication McLuhan The medium is the message phenomenology Husserl universal intuition

序言一

吴廷俊

范龙的《媒介的直观——论麦克卢汉传播学研究的现象学方法》一书是在他的博士学位论文的基础上增补、修订形成的。身为他的导师，我为范龙的这一研究成果的取得感到由衷的高兴，更要对这一研究成果的出版表示热烈的祝贺！

严格说来，范龙是我招收的第一个非定向全日制的博士研究生，也是我连续指导时间最长的学生。他自 1999 年起便跟随我攻读新闻学硕士学位，三年后又接着攻读该专业的博士学位。屈指算来，到去年他博士研究生毕业为止，我作为他的导师已与他共同走过了八年的光阴。八年弹指一挥间，但很多往事却仍历历在目。记得他刚来华中科技大学（其时校名尚为“华中理工大学”）新闻与信息传播学院报到时，给我的第一印象是一个谦逊有礼、言语不多而略显内向的青年。与他接触了一段时间后，特别是在和他共同完成了一项关于网络文化的课题后，我发现，这个性格内敛、不事张扬的学生具有两个突出的优点：一是认真，二是敢闯。所谓“认真”，是指他无论是做学问还是办事，都兢兢业业、踏实不苟，交给他的各种任务，总能按时保质地完成，从不拖沓，也少有疏漏。所谓“敢闯”，是指他眼光独到、思维敏捷，对于很多问题都有自己个人的理解和看法，做学问的独立性和探索意识很强，看似“老实”，其实绝不安于墨守成规。对于范龙的这两个特点，当时在我院任教的杨伯溆教授曾通过与他合作撰写《因特网与社会——论网络对当代西方社会及国际传播的影响》一书而有深切感受，并大加赞赏。而我个人认为，这两个特点的第一次集中展示，是在范龙构思和撰写其硕士学位论文的过程中。

我指导研究生，无论硕士还是博士，一般都提倡学生本人根据自己的学术积累和研究兴趣，先行拿出关于论文选题的初步设想，然后再与老师商定。范龙很适应我的这种做法。记得当时他设计的是一个有关传播学批判学派的选题。我劝他斟酌，因为做这种纯理论研究，对一个硕士研究生来说，似乎偏难。但他坚持要做，并很快提交了开题报告，对选题的价值和可操作性作出了详细的论证，视角很独特，观点也很鲜明。我知道，如果不是平时就注重知识的积累，勤于钻研、深于思考，他是很难在如此短的时间内形成这样一个颇有见地而又相当成熟的选题思路的。开题之后，范龙便在资料收集和文献整理上苦下工夫，几乎通读了霍克海默、阿多诺、马尔库塞、本雅明等法兰克福学派的代表人物有关媒介与文化问题的重要著述，最终撰写出《媒介演变与法兰克福学派大众文化强迫性理论的再思考》一文。这篇文章由于富有创见地提出了法兰克福学派著名的“文化工业”理论或被改写于网络时代的可能性，因此在通信评审和答辩会中受到校内外多位专家的一致好评，其主体部分后被发表于《湖北大学学报》的哲学社会科学版。

如果说范龙在硕士研究生阶段的优异表现已令我对他刮目相看，那么他在攻读博士学位期间于学术上所展现出的认真而敢闯的作风，则更让我感触良多。范龙在 2002 年博士研究生入学时，我院尚无新闻传播学博士学位授予权，他只得随我进入我校的教育科学研究院做有关“教育传播”的研究。面对这个传播学研究中的“冷门”，想必有人会提不起精神。我起初也担心这个与其过去所关注的问题相去甚远的研究方向会削弱范龙的学术兴趣。但后来事实证明，我的疑虑是多余的——范龙不仅没有对教育传播表示排斥，反而怀着一种极大的热情投身到这一陌生的研究领域中。在不到一年的时间里，他通过

"恶补"教育学的相关知识，努力寻找教育问题与传播理论的结合点，相继在《高等工程教育研究》、《现代教育科学》、《中国大学教学》等刊物上发表了《论网络教学中的非实时交互》、《论中国古代书院的三种功能》、《试论课堂中"信息沟"的形成与消减——以传播和舆论的视角》、《大学学科综合化过程中应正确处理的三个关系》等一系列论文，运用传播学的基本原理解释教育现象，由此从各种不同的角度证明了"教育"作为人类社会的一种特殊而重要的传播活动，应该也能够被我们从传播学的层面上加以观照和研究。我以为，对于"教育传播学"这个目前在我国尚处于起步阶段的分支学科的理论建构来说，范龙的这几篇文章是具有参考价值的。

我校新闻学专业的博士点获批后，范龙转回了新闻与信息传播学院。此时他已进入博二，博士学位论文的开题事宜迫在眉睫。但鉴于他一贯的治学独立性，我并未急于找他商谈选题，而是等着他自己送上门来。果然，范龙来了，但所带来的选题却让我有点手足无措——什么是"现象学"？它与麦克卢汉有什么联系？这两者的联系能够成立吗？即便能够成立，我们又该作怎样的论证？尽管一系列问题涌上心头，但我没有轻易否定这一选题，而是同他反复讨论其可行性。为慎重起见，我还特别邀请我校哲学系专攻现象学的张廷国教授加入范龙的导师组，参与咨询把关。经过多次研究，三人最终达成共识：选题可行，且大有新意，如能做成，不仅将从一个崭新的角度为我们理解麦克卢汉及其思想提供途径，并还有望把一种重要的研究方法引入传播学研究。面对"诱人"的前景，我和廷国决定迎难而上，陪范龙一道去闯一闯前人没有走过的路。

一切又是从读书开始。由于范龙未曾接受过西方哲学的专业教育，尽管平时涉猎广博，但所掌握的知识终究不够精深，故在廷国的指导下系统阅读现象学文献便成为他首先要做的功课。令人感佩的是，他不惜花了整整一年的时间来完成这项工作，不但研读了胡塞尔的《逻辑研究》、《笛卡尔式的沉思》、

《现象学的观念》、《纯粹现象学通论》、《内在时间意识现象学》、《哲学作为严格的科学》、《欧洲科学危机和超验现象学》和海德格尔的《形而上学导论》、《存在与时间》、《面向思的事情》、《林中路》以及梅洛-庞蒂、伽达默尔、萨特、雅斯贝尔斯、施密茨、德里达等人的重要原著，还广泛浏览了国内外学者介绍和研究现象学的各种著作。在研究生普遍为缩短学制欢呼，急欲了结学业以尽快谋职赚钱的今天，范龙却为了把学问做扎实，甘愿久坐书斋而推迟毕业。事实上，正是这一年的埋头苦读，使他不仅基本掌握了现象学的原理和方法，更成功习得了一套较为地道的哲学语言。虽然不是搞纯粹的哲学研究，但在涉及哲学的地方也不能尽说“外行话”——这是我对范龙的一个要求。从他后来拿出的论文文本看，他是很圆满地实现了这一目标的，以致廷国阅后，都为他这个非哲学专业的“私淑弟子”能够写出如此味道纯正的哲学文章而惊叹。

在学习现象学的同时，范龙也没有放松对麦克卢汉的关注。为了尽可能忠实地还原麦克卢汉的思想本义并充分了解国外“麦克卢汉研究”的最新进展，我于2004年底打发他赴新加坡南洋理工大学传播与信息学院作短期访问。留学狮城的四个月里，他日复一日地在图书馆中搜寻，最终携带麦克卢汉主要著作的英文原版和各种相关的研究资料满载而归。在此基础上，范龙开始撰写系列论文。先后发表于《华中科技大学学报》、《重庆大学学报》和《浙江大学学报》上的《媒介的直观——论麦克卢汉传播学研究的现象学方法》、《现象学：一种可资传播学借鉴的哲学方法》、《“媒介即讯息”：麦克卢汉对媒介本质的现象学直观》等多篇颇有分量的文章，接连被《新华文摘》和中国人民大学复印报刊资料《新闻与传播》、《文化研究》、《外国哲学》全文转载或收入索引。这说明文中所谈的这个新鲜话题，已然引起了国内传播学界的注意。

尽管如此，范龙的这项研究由于独辟蹊径地进入“现象传播学”领域，在一定程度上突破了传播学的传统理论框架和研究路数，因此引起争议乃是无可避免的。事实上，自开题之日起，来自各方的质疑甚至反对之声就不绝于耳，范龙由此所背负的压力可想而知。在我看来，这项研究的确对国内传播学界产生了冲击，但它的初衷并不是要颠覆传播学的传统，而只是要反思和拷问这种传统的垄断地位而已。众所周知，在自然科学都在设法破除“独断论”的今天，人文社会科学更不可能去寻求关于人类自身及其社会的终极解释和唯一真理。面对无限丰富的世界，我们可以从多种多样的角度和层面对之加以剖析和阐释，这里没有对错正误之分，只有深浅难易之别，不过体现了我们对于这个世界的不同理解罢了——这就是科学认识的“相对性”，也是我们倡导平等自由的多元化学术风尚的原因所在。应该说，正是凭着这样一种“争鸣无罪”的信念，范龙一方面虚心听取了大量不同的意见，并诚恳地接受了其中可资采纳的部分，另一方面则始终坚守既定的研究立场和思路，持之以恒地不懈钻研，丝毫不因外界的阻力和干扰而动摇自己的决心。几经波折之后，他终于在 2007 年初完成了博士学位论文全文的写作，并于当年 5 月以 90. 3 分的成绩顺利通过论文答辩。四个月和一年半后，这篇题为《媒介的直观——论麦克卢汉传播学研究的现象学方法》的论文先后被评为华中科技大学优秀博士学位论文和湖北省优秀博士学位论文。

在传播学研究中，麦克卢汉一直是一块“难啃的骨头”。尽管谈论传播学的人都爱把他挂在嘴边，但真正能够说清楚的人却少之又少——这不仅因为麦克卢汉学说的内涵令人费解，更因为深藏于这些学说背后的运思过程晦涩幽隐、扑朔迷离。鉴于这一现状，范龙的博士学位论文通过细致梳理和分析麦克卢汉著作中所体现出的方法论特点，发现麦克卢汉的传播学研究与胡塞尔的现象学方法之间多有契合，尤其在对媒介的存在论意蕴加以“本质直观”而得出著名论断“媒介即讯息”这一点上，更是显著地体现出坚持直接直观的基本原则和寻求直观基础上的本质洞察的现象学精神。在将麦克卢汉的传播学研究方法解释为现象学方法的基础上，该论文还进一步探讨了传播学研究中引入现象学方法的途径和意义，指出由于现象学方法可在克服实证方法的“经验一般化”困境和弥补批判方法的“总体性”缺陷方面，实现对传播学的传统研究方法的超越，故它的“加盟”不仅将“丰富传播学研究的方法论体系”，还能“凸现传播学研究的时代特征”，更能“敞开传播学研究的思维视域”。总之，该论文针对“麦克卢汉研究”中的一个长期悬而未决的关键问题，在传播学与哲学的学科交叉点上求得理论突破，从选题到结论都是原创性的。而这项“前无古人”的工作，不但为我们理解麦克卢汉独特的思维方法提供了一条全新的思路，同时还有望引发传播学界对于现象学这一重要哲学方法的关注，从而打破传统的实证方法和批判方法的二元垄断，为传播学研究开辟出可能的第三条路径。此外，对于新闻传播学这样一门重“术”而轻“学”、“实务”有余而“理论”不足的学科来说，该论文作为一项从哲学层面上探讨方法论问题的基础研究，有助于提高新闻传播学研究的学术含量，在本学科的理论建设上亦有其重要价值。

太过“认真”的人，有时容易呆板；太过“敢闯”的人，有时容易冒进。范龙的可贵之处，即在于他将这两点恰到好处地结合起来，刻苦而不失灵活，机敏而不失稳健，故庶能做到胡适先生所谓的“大胆假设，小心求证”——这便是其博士学位论文获得成功的关键。当然，从根本上讲，范龙的这本书并无作出某种“定论”的意图，而不过旨在提供一种“思的可能性”，使我们自问传播学能否不再只是“实证”和“批判”的传播学。因此书中所论，尽管皆可“自圆其说”，但也仅供读者参考——在这里，作者不愿将任何观点强加给任何人，正如他本人也不愿接受别人所强加的观点一样。此外，从具体写作层面上看，该书也非十全十美、无可挑剔，在某些理论的细致阐发、某些论述的浅易表达等问题上都仍有进一步完善的必要。但我相信，凭着执着的学术追求、勤勉的学术态度、扎实的学术功底、充足的学术勇气、宽广的学术视野和敏锐的学术头脑，他一定能够把这项研究全面深入地推进下去。前不久，听说他将“现象学方法在传播学研究中的应用前景探析”成功申报为湖北省教育厅人文社会科学青年研究项目，并在复旦大学新闻学院进站期间获得中国博士后科学基金对其博士后研究项目“现象学视野中的麦克卢汉媒介思想研究”的全额资助。我在这里预祝他顺利完成这些工作，以使自己沿着由博士学位论文所开辟的研究道路继续前进，取得更大的成果。

这是一个普遍浮躁的年代，急功近利已成为一种社会心态。范龙最为我所看重的品质，正是他安贫乐道、甘耐寂寞，做学问不为稻粱谋。值此他的第一部专著付梓之际，我衷心希望我的这位弟子心静气定、不淫不屈，在扑面而来的滚滚俗尘中守住自己的“精神家园”，也守住为人为学的底气与尊严。

是为序。

2008 年 12 月 28 日于喻园

（吴廷俊，华中科技大学新闻与信息传播学院学术委员会主任、教授、博士生导师）

序言二

张廷国

在20世纪西方哲学思潮中，胡塞尔所创立的现象学以及后来的“现象学运动”之所以具有广泛而持久的影响，其主要原因应该归功于现象学的方法。事实上，胡塞尔本人就经常使用“现象学”一词来意指一种“方法”或“态度”。胡塞尔的弟子海德格尔说得更加明确。他说：“现象学不是哲学科学中的一种，也不是其他科学的一种前科学，‘现象学’的说法就是科学的哲学方法的标题。”① 同时，由于胡塞尔现象学的任务是要对经验世界进行理性重构，从而为人们的生活世界奠定一个意义基础，所以，他真正关心的并不是世界“是什么”的问题，而是世界“如何”的问题。从这个意义上说，胡塞尔的现象学方法恰好是使世界“如何”的问题成为可能的前提和条件。与之相比，一切其他的科学方法，如数学化的自然科学的方法，充其量只是一种“单纯的技艺”或一种“技术化”而已。

所谓现象学方法，按照现象学史家施皮格伯格的说法，它的基本特征在于：“非常执拗地努力查看现象，并且在思考现象之前始终忠实于现象。”② 具体而言，我们可以把现象学方法概括为两点：其一是现象学还原的方法——这种方法要求我

---

① Heidegger. *Die Grundprobleme der Phnomenologie*. Bd. 24, Frankfurt, 1975, S. 3.

② 赫伯特·施皮格伯格．现象学运动［M］．王炳文，张金言译．北京：商务印书馆，1995. 964

们排除掉所有中介的要素，把直接的把握或直观看作是一切知识的来源和检验一切知识的最终标准；其二是现象学描述的方法——这种方法不同于说明性的假设，它是在本质直观的基础上尽其所能地对所直观到的对象进行“如实的描述”。通过现象学还原的方法，胡塞尔实际上是要我们注意到，我们在“素朴实在论”这种常识性的态度下来认识世界时，这个世界对我们来说仍有我们无法认识到的特性，而“素朴实在论者”所认识的世界，也无非是一个混杂了人类的各种观点、兴趣、爱好和欲望的世界，是一个带有人类心理因素的世界。与此相反，现象学的还原恰恰只关注在意识中直接呈现给我们的现象，而不去追问意识之外有无客观世界的存在。同样，我们也可以对现象学的描述方法作这样的理解：现象学的目的在于给人类重新恢复被扭曲了的“看”和“知”的能力，而“如实的描述”就是指，我们要有勇气接纳一切所谓不相干的、不重要的、非实证性的、边缘性的经验和现象，从而使我们的认识能力形成一种无限开放的态度，进入到一种“思的可能性”之中。

正因为现象学方法具有如此重大的意义，所以，它的影响早已超出了哲学的研究领域。可以说，它已经或明或暗、或多或少地影响到了其他人文社会科学领域，甚至影响到了自然科学领域。就我目前所看到的资料而言，以现象学方法为特征的学说主要包括：技术现象学、艺术现象学、语言现象学、教育现象学、社会现象学、生命现象学、身体现象学、知觉现象学、他者现象学、情感现象学、卫生现象学、影像现象学、建筑现象学、宗教现象学等等。

从这个意义上说，我个人认为，范龙的这本书所做的工作不仅具有很高的学术价值，而且具有开创性的意义。因为他通过对麦克卢汉著作的文本学解读，揭示了麦克卢汉的传播学理论所体现出的现象学精神。虽然行文中并未明确地把麦克卢汉称作“传播现象学家”，但从最广义的现象学的角度来看，麦克卢汉的传播学理论所代表的实际上就是传播现象学。麦克卢汉的传播现象学的意义在于：它既不同于实证主义的传播学，也不同于社会批判理论的传播学——前者只关注传播的经验事实，而忽视传播过程中人的价值和意义，忽视交互主体性的生活世界；后者则仍属于主观精神哲学或形而上学，因此往往热衷于建构一个宏大的叙事体系，然后用这个体系作为批判社会的尺度。

此外，我认为范龙的这本书还有一个很大的优点，那就是自始至终都强调方法意识。我们学界之所以很少有真正创新性的研究成果，其中一个非常重要的原因就是缺乏方法意识。如果你还是运用传统的陈旧的方法去研究一个问题，即使你占有再丰富的材料，作出再详细的论证，恐怕也很难有所突破。反之，如果你拥有一种全新的哲学思维方法，那么，你看问题的切入点就会有所不同，你就会发现一片崭新的天地。从这个意义上说，范龙之所以能从麦克卢汉的著作中读出现象学的意义，就在于他拥有了一个阅读麦克卢汉的新工具——这就是胡塞尔的现象学方法。而且正是通过对麦克卢汉的研究，他还有了进一步的想法和“野心”，立志将现象学方法尽快地引入到传播学的研究中去。在这里，我非常高兴地看到他的这项研究成果即将通过出版而进入更多人的视野，同时也希望他以此为起点，在今后的研究中沿着传播现象学的道路继续前行。

2008 年 12 月 30 日于汲欧斋

（张廷国，华中科技大学人文学院副院长、哲学系系主任、教授、博士生导师）

1 绪论：一项着眼于“方法”的麦克卢汉研究

本章从研究的背景、基础、目的、意义和方法等方面介绍了本书的基本情况，指出在对著名传播学家麦克卢汉的思维方法缺乏科学研究和理性认识的现状下，本书主要的创新之处，在于通过从现象学的视角来解读麦克卢汉的有关学说而将其传播学研究方法阐释为现象学方法，并据此从方法论的层面上表达了对于现象学这一可资传播学研究借鉴的重要哲学方法的关注。

1.1 研究缘起

在传播学领域中，诞生于美国并在世界范围内占据主流地位的实证学派和崛起于欧洲且与前者形成分庭抗礼之势的批判学派的二元对立由来已久。而在这两大阵营之外，麦克卢汉以他卓尔不群的研究风格自成一家，与其前辈伊尼斯一起开创了独辟传播学研究之蹊径的加拿大多伦多学派。众所周知，这位有史以来最具原创性的传播学家一向以貌似灵感突发的方式高谈阔论，提出种种奇异的观点，其诸多理论的内涵已令人费解，而隐藏于这些理论背后的运思过程则更显扑朔迷离。陈燕等人在《传播学研究方法》中指出：“如果从研究方法的角度看，麦克卢汉不同于美国的经验主义学派，但与批判学派的观点差距也很大。”[①] 杨伯溆在《因特网与社会》中也谈到：“麦克卢汉既没有从主流的实证学派的角度去探讨媒体的问题，也没有用传统的批判学派的视角去理解媒介，而是以艺术的方式或者说用‘马赛克’的讨论形式，用几个字高度抽象出媒体在历史进程中的重要性。”[②] 那么，这种既不同于实证学派又有别于批判学派的传播学研究方法究竟是一种什么方法？对于这个问题，学术界目前尚无结论。

事实上，任何学说的提出都非凭空而来，尤其像麦克卢汉的这些新颖且深刻的理论的产生，更必然有其独特的方法论基础，而不是简单地以所谓“艺术的方式”或“‘马赛克’的讨论形式”所能解释得了的。鉴于此，本书希望通过有关分析，梳理出麦克卢汉传播学研究的某些基本特点，从而为我们以相对公正的立场和科学的态度来认识其迥异于他人的思维方法提供一点启示——这就是本书选题的初衷。

1.2 文献综述

尽管众多传播学文献频繁提及“麦克卢汉”这个名字，但能从“方法”的层面上加以观照的却寥寥无几。何道宽在《麦克卢汉精粹》的中文版序言中说：“麦克卢汉的思想汪洋恣肆，背离了传统的线性逻辑。”[③] 又在《麦克卢汉：媒介及信使》和《帝国与传播》的译者序言中将麦克卢汉呼为“一部天书、一个斯芬克司之谜”，[④] 称其学术风格“是天马行空，

---

① 陈燕，陶丹，李广增．传播学研究方法［M］．北京：科学出版社，2002. 55

② 杨伯溆．因特网与社会——论网络对当代西方社会及国际传播的影响［M］．武汉：华中科技大学出版社，2002. 286

③ 埃里克·麦克卢汉，弗兰克·秦格龙．麦克卢汉精粹［M］．何道宽译．南京：南京大学出版社，2000. 6

④ 菲利普·马尔尚．麦克卢汉：媒介及信使［M］．何道宽译．北京：中国人民大学出版社，2003. Ⅱ

无拘无束的”。[①] 石义彬在《单向度、超真实、内爆——批判视野中的当代西方传播思想研究》第四章“内爆的‘地球村’——麦克卢汉的技术乌托邦主义传播思想”中认为麦克卢汉的著述难懂，“这与他独特的表述方式有很大关系。阅读麦克卢汉关于媒介的几本著作，我们会发现，他的书几乎颠覆了人们对传统学术书籍的期待。他在书中表达思想时，既没有必然的逻辑联系，也没有缜密的论证过程。我们看到更多的是思想的火花，而不是严谨的理论表述”。[②] 张咏华在《新形势下对麦克卢汉媒介理论的再认识》中指出：“麦克卢汉著述的写作，带有一些按学术严谨性来衡量属于缺陷的特点：在其藐视实证研究的结果、轻视逻辑推理思想的指导下，麦氏的著述文体散漫，以书籍的形式写作而模仿电视‘马赛克’的表述方式。他对媒介在历史进程中的作用的考察和论述，虽然深刻，但却失之于缺乏严格按照逻辑的推敲和论证。”[③] 又在《大众传播学》第十章“大众传播媒介”的第二节“麦克卢汉和伊尼斯的媒介理论”中提到麦克卢汉的理论确能“唤起人们的想象力，启迪人们在媒介研究中把媒介和人的感官、心理联系起来考虑”，但也存在“论述缺乏科学性”的不足。[④] 与此类似，史蒂文森在《认识媒介文化——社会理论与大众传播》第四章“马歇尔·麦克卢汉与文化媒介”中也谈及麦克卢汉的学说“尽管对空间和时间的思考仍然具有价值”，但

---

① 哈罗德·伊尼斯．帝国与传播［M］．何道宽译．北京：中国人民大学出版社，2003. 7

② 石义彬．单向度、超真实、内爆——批判视野中的当代西方传播思想研究［M］．武汉：武汉大学出版社，2003. 181

③ 张咏华．新形势下对麦克卢汉媒介理论的再认识［A］．传播学论文选萃（第三卷）［C］．尹韵公，明安香．南京：南京师范大学出版社，2000. 5

④ 张咏华．大众传播学［M］．上海：上海外语教育出版社，1992. 247 ~ 248

"需要更以体制为基础的研究方法来补充"。[1] 沃塞和梅罗威兹亦分别在《时下流行的对麦克卢汉的看法》和《地域无意义：电子媒介对社会行为的影响》第一章"重温麦克卢汉"中将麦克卢汉见责于学术界的原因归结为"研究缺乏规范性和连贯性"[2] 以及"各种断言没有形成清晰的、连续结构的论证线索，……论据支持不够充分"。[3] 相对而言，施拉姆和波特在《传播学概论》第七章"传播媒介：大众与个人的"的第三节"麦克卢汉学说"中对麦克卢汉传播学研究方法的分析较为具体，在同类论述中是有代表性的："他的论述方式使得他的观点难以捉摸，这一事实就使得人们更加难以解释他何以能具有永恒的重要性，尤其是他何以竟能名噪一时。毫无疑问是因为他不信任印刷媒介那种直线的、逻辑的表述方式的缘故（他认为这种表述方式应该对过去五个世纪中的许多不良趋势负责），麦克卢汉有意采用一种不连贯的方式写作，有人把这种方式比作向四面八方散射的罗马式蜡烛一般。他很少把他的观点充分发挥出来，而且看不起通过研究取得的证据，因为他认为研究工作偏向于印刷媒介而又无力应付新颖的电子媒介。他采用的手段，用他自己的话来说，叫作'探针'——这是一句穿透他的听众在智能上的陈规老套，促使他们重新考虑旧日见解的话。这些'探针'往往是些含义隐晦的语句，其措词不是令人震惊就是令人困惑，也许是出于有意，不是不完整就是不加界说。因此，他在学术上的态度是有些玄妙的，就像以太阳神殿闻名的古希腊特尔斐城的教士一样，他发出的讯息可以作种种不同的解释，但的确发人深思，而且在许多情况下对

---

① Nick Stevenson. *Understanding Media Cultures: Social Theory and Mass Communication*. SAGE Publications, 1995, p. 143

② Wasser Frederick. Current Views of McLuhan. *Journal of Communication*, 1998 (3): 150

③ Meyrowitz Joshua. *No Sense of Place: The Impact of Electronic Media on Social Behavior*. Oxford University Press, 1986, pp. 20 – 21

于祈求天启的人们产生很大的影响。”①

通过以上列举，可以看出，即便是这些有意识地触及“方法”问题的麦克卢汉研究文献，也都只是隔靴搔痒，显得浮泛而空疏。研究者们尽管无不认定麦克卢汉的思维方法与传播学研究的传统方法大相径庭，但在对前者加以解说时却仍感到极大的困惑和迷茫。正如拉潘姆在为麦克卢汉的代表作《理解媒介——论人的延伸》撰写的序言中所说：“在诠释麦克卢汉的文本的学人之中，没有几个能完全弄清他究竟想说什么，他的思想是怎样撞击出了某些重要的东西。……而他却随时随地准备给听众恩赐阿波罗神殿的神谕。”② 或许正是由于这个缘故，传播学的有关文献大多回避从方法论的角度来考察麦克卢汉。诸如李彬的《传播学引论》第六章“媒介分析：经何渠道”的第六节“麦克卢汉的‘奇谈怪论’”、邵立肃和王宇的《信息时代的传媒》第四章“麦克卢汉的媒介理论”、张法的《麦克卢汉的媒介哲学与美学》、孟青的《麦克卢汉在大众传播媒介研究中的地位和作用》、刘大年的《麦克卢汉媒介理论管窥》、丁玲华的《一个不可能实现的技术神话——麦克卢汉“大同世界”预言解读》、吕尚彬的《广告是人的意识的延伸——对麦克卢汉广告观的解读》、赖晓航的《信息即逆熵——解读麦克卢汉的媒介讯息论》、李凌凌和杨伯溆的《媒介即信息——人类传播史解读》，以及赛佛林和坦卡德的《传播理论：起源、方法与应用》第十四章“大众传播的效果”的第五节“麦克卢汉的媒介决定论”、巴兰和戴维斯的《大众传播理论：基础、延展与未来》第十一章“关于媒介、文化和社会的理论”的第四节“麦克卢汉：理解媒介”、辛格尔特里的《大众传播研究：现代方法与应用》第二章“大众传播

① 威尔伯·施拉姆，威廉·波特．传播学概论［M］．陈亮，周立方，李启译．北京：新华出版社，1984. 136～137

② 马歇尔·麦克卢汉．理解媒介——论人的延伸［M］．何道宽译．北京：商务印书馆，2000. 2～3

研究简史”的第四节“麦克卢汉现象”、斯帕克斯的《媒介效果研究概论》第十二章“与麦克卢汉面对面”，乃至莱文森的《数字麦克卢汉——信息化新纪元指南》、霍洛克斯的《麦克卢汉与虚拟实在》、乔治的《马歇尔·麦克卢汉：其人及其讯息》、艾曼努尔的《麦克卢汉：热与冷》、唐纳德的《媒介即后视镜：理解麦克卢汉》和格莱米的《历史与传播：哈罗德·伊尼斯、马歇尔·麦克卢汉及历史解释》等，都不过局限于对麦克卢汉的几条著名论断的归纳和评述而已。更为糟糕的是，一些麦克卢汉的反对者干脆否认麦克卢汉治学中“方法”的存在，以极尽诋毁之能事的态度对之乱批一通。基德尔在《教授，你在说什么》中写道：“一位加拿大小地方名不见经传的英语教授，居然玩弄了这样一场大骗局。一切迹象表明，这将成为一场国际性的思想丑闻。”① 而身为这一“丑闻”的主角，麦克卢汉在各种各样的评论中被冠以了“通俗文化的江湖术士”、“电视机上的教师爷”、“攻击理性的暴君”、“走火入魔的形而上学巫师”、“波普思想的高级祭司”、“在幻想的祭坛前为半拉子艺术家做黑弥撒的教士”等诸多恶名。② 正如马尔尚在《麦克卢汉：媒介及信使》的前言中所说：“许多所谓的严肃学者和知识分子把他一笔勾销，说他卖狗皮膏药，思想怪诞。有些人认为，他是20世纪诡谲怪人廊里的无赖。……他们多半是喃喃自语，不屑一顾地将其观点斥之为麦克卢汉的‘咒语’，认为是稀奇古怪、大杂烩的‘科学神秘主义’的一知半解，把他的假说的精要贬低为委琐的观察。”③ 与此同时，另一些麦克卢汉的拥护者竟也用“神秘主义”来“包装”麦克卢汉而对之大加吹捧。霍洛克斯在《麦克卢汉与虚

---

① Dobbs Kildare. What Did You Say, Professor. *Star Weekly*, March 10, 1967

② 菲利普·马尔尚. 麦克卢汉：媒介及信使［M］. 何道宽译. 北京：中国人民大学出版社，2003. Ⅶ

③ Philip Marchand. *Marshall McLuhan*: *The Medium and the Messenger*. MIT Press, 1998, pp. 1 – 2

拟实在》的引言“圣麦克卢汉”中就此指出：“麦克卢汉的遗产对于新一代的学者、记者以及黑客而言，常常被解释成一种宗教性的和先知性的东西。莱文森曾说过：‘对我们数字时代做出让步的书写就在麦克卢汉的书中。’其他人则采取了一种更为分析性的方式来探讨麦克卢汉的正典与其著作中宗教性叙事之间的关系。譬如说，惠森便雅致地揭示了麦克卢汉界面之下的神学纲领，其中麦克卢汉主义的话题如‘电气’、‘媒介’和‘全球村’等，可以分别被诸如‘圣灵’、‘上帝’和‘罗马’等语词所取代。……麦克卢汉的复兴有它自身的问题，在探讨麦克卢汉的与虚拟技术和虚拟地理学有关的关键思想之前，我想先来讨论一下这些问题。例如，人们为了一种新的技术将他重新做了处理，在某种程度上，他被这种新的技术神圣化了，因为他的探究在某些案例中被认为是提供了一种肯定的理论倾向，有利于美化虚拟性的话语，使其更具有乌托邦和理想主义色彩。……由此可见，在新世纪和在上个世纪一样，对麦克卢汉的批评和支持都有持续简单化的倾向。”① 的确，把麦克卢汉“神圣化”与把他“妖魔化”一样，都对麦克卢汉获得世人的真正理解构成了障碍。本书认为，在关于麦克卢汉这样一位在传播学史上具有重要地位和深远影响的学者的研究中，上述或贬低或拔高的种种非理性的认识倾向的普遍存在，不能不说是令人遗憾和痛心的。

此外，由于实证研究长期主导着传播学的发展，大多数涉及传播学研究方法的文献都以实证方法为其主要论题。诸如鲁宾等人的《传播研究方法：策略与资料来源》、泰勒和威利斯的《媒介研究：文本、机构与受众》、戴元光的《传播学研究理论与方法》、刘双的《探索传播真谛的路径》、祝建华的《美国传播学研究方法综述》、卜卫的《传播学实证研究的方

---

① 克里斯托夫·霍洛克斯．麦克卢汉与虚拟实在［M］．刘千立译．北京：北京大学出版社，2005. 26～28

法问题》，以及常昌富的《大众传播学》第三部分“方法”、张国良的《现代大众传播学》第九章“传播学的研究方法”、张咏华的《大众传播社会学》第三章“研究方法”、蔡铭泽的《新闻传播学》绪论的第五节“学习和研究新闻传播学的方法”和陈龙的《现代大众传播学》绪论的第四节“传播学的研究方法”等，均是关于实证学派以“内容分析”、“实地调查”和“控制实验”为代表的研究方法的专论。相比之下，罗杰斯在《传播学史——一种传记式的方法》第四章“卡尔·马克思和批判学派”的第十节“批判学派和传播研究中的经验学派”中，对与实证方法相对立的批判方法亦有所兼顾。他在比较二者的差异时说：“批判学派和经验学派对于大众传播在社会中的作用的看法极其不同。批判学者认为，大众传播被现存的制度用来控制社会，而经验主义学者认为媒体能够帮助改进社会中的社会问题，并能够引导渐进的社会变化。对于批判学者来说，关键的问题是谁拥有和控制大众媒体，这是一种宏观的看法。经验主义学者主要关注媒体对于个体受众成员的效果，这是一种微观的看法。……由于历史原因——这个历史原因可追溯到他们20世纪30年代在德国开始的时候——批判学者一般都反对实证主义，对经验主义数据持批判态度，而且他们中的许多人都倾向于哲学。……今天，批判的学者和经验主义的学者的截然相反的视角经常将他们带入尖锐的冲突之中。事实上，批判的和经验主义的裂痕是今日传播领域中的最明显的分歧。”① 陈燕等人在《传播学研究方法》第二章“传播学的流派与研究方法的形成”的第三节“两大学派在研究方法上的主要区别”中也指出：“虽然批判性研究所提供的学术成果，远不如经验学派所提供的那么多，但就批判性研究的质量来说，他们对既定的传播现实和现存的传播体制在宏观上

---

① 埃弗瑞特·罗杰斯．传播学史——一种传记式的方法［M］．殷晓蓉译．上海：上海译文出版社，2002. 129～130

进行了全面、深刻、系统的批判。……批判学派采用全面研究的方法，虽十分重视定性研究，但并不排斥定量分析，或将定性与定量相结合。例如研究关于传播制度和传播理论，以及意识形态方面的课题，就难以完全运用定量分析的方法清晰表达，而需要同时运用定性分析的方法。……批判性研究之所以比较先进、全面，还在于它将传播者、传播工具和广大受众等因素，以及传播过程中各个大小环节，均置于一定的社会、政治、经济制度下加以综合考察。……与经验学派相比，他们的立场更注重于凸现问题而不是贡献方略，他们的方法更着眼于深度思辨而不是表层量化，其深刻的忧患意识和怀疑精神，无不体现着强烈的人文关怀和终极关怀。……经验学派侧重于实证性研究，更多地运用行为科学的方法，注重定量、微观分析。偏重对个别受传者或群体受众进行传播效果的研究，研究的实用性强，商业色彩较浓。……当然，经验性研究方法反对从观念到观念地对社会现象作纯主观抽象的说明，而是强调通过切实可靠的经验材料或客观数据来证明，主张假设的、可操作性的、量化的论证，主张从环境或外部条件的变量出发来展示社会现象和社会行为的原因和客观规律。从这个意义上讲，经验性研究方法也是传播学研究的一种必不可少的重要方法。但是，由于社会生活的复杂变化和丰富多彩，其‘可观察、可测定、可量化’的程度也是明显有限的。”① 应该说，后一类以更广阔的视野考察传播学研究方法的文献（此类文献还包括姚福申的《新时期中国新闻传播评述》第四章“传播学和西方新闻理论”的第一节“传播学及其研究方法”、申凡的《当代传播学》第三章“传播学的流派”的第一节“传统学派与批判学派”、李彬的《传播学引论》第十一章“批判学派（下）：透视”的第三节“差异与比较”等），出于对各种不

① 陈燕，陶丹，李广增．传播学研究方法［M］．北京：科学出版社，2002. 53 ~ 54

同方法加以比较的需要，较能从某种方法论的意义上展开分析而不仅仅局限于操作层面的介绍（专论实证方法的文献为了说明此类方法的可操作性，往往以大量篇幅逐一解释其具体程序和步骤）。但即便如此，上述文献总体上仍然不过是些彼此雷同的模糊、粗浅的评析，既缺乏条理性与系统性，也未能真正上升到哲学高度而进行细致、深入的探究——这表明传播学界尚未充分意识到包括现象学在内的各种哲学方法对传播学这样一门具体科学的研究方法的深刻影响。

总之，以上文献综述可以说明当前传播学研究中存在的两个问题：其一，对麦克卢汉独特的思维方法缺乏认识；其二，对现象学这一可资传播学研究借鉴的重要哲学方法亦缺乏认识。

1.3 研究目的与意义

本书旨在通过分析麦克卢汉著作中所体现出的现象学精神而在麦克卢汉的传播学研究与现象学方法之间建立联系，并在把麦克卢汉传播学研究的主要方法解释为现象学方法的基础上，进而将现象学方法引入传播学研究。如能达到预期目标，本书将不仅从一个全新的视角为我们理解麦克卢汉的思维方法提供思路，并有望引发传播学界对于现象学这一重要哲学方法的关注，从而打破传统的实证方法和批判方法的二元垄断，为传播学研究开辟出可能的第三条路径。

此外，对于新闻传播学这样一门重“术”而轻“学”、“实务”有余而“理论”不足的学科来说，本书作为一项从哲学角度探讨方法论问题的基础研究，有助于提高新闻传播学研究的学术含量，在本学科的理论建设上有其特殊价值。总之，本书针对传播学研究中一个长期悬而未决的重要问题，拟在传播学与哲学的学科交叉点上寻求理论突破，其选题是具有创新性和挑战性的。

1.4　研究方法

一般说来，论述某位学者的学术研究与某种思维方法之间关系的常规途径有二：一种是文本学的，即解读体现着该学者思维方法的有代表性的重要文献；另一种是谱系学或曰知识社会学的，即通过梳理该学者置身其间的学术网络来考察其思维方法的传承情况。本书采取的是前一种途径。这主要是因为在麦克卢汉的个人经历中几乎找不到任何确凿的事实来证明他与现象学发生过联系，而现象学方法却又如此明显地存在于他的著作之中。施皮格伯格曾将胡塞尔 1913 年发表在《哲学与现象学研究年鉴》上的一段声明作为划分“广义现象学”的标准，认为只要遵循直接直观的原则并运用本质直观的方法，某位思想家虽不能被视为现象学运动的真正成员，但他仍然“可以正当地被看成‘实际上’属于这一运动”。施皮格伯格并且强调说，对于上述现象学基本原则和方法的遵循和运用可以是“明确地”，也可以是“不明确地”——这都无害于该思想家成为一位广义的现象学家。据此看来，尽管麦克卢汉可能并未有意识地借鉴现象学，但由于其传播学研究的确在很大程度上遵循和运用了现象学的基本原则和方法，因此我们有理由在他与广义现象学之间建立联系，将他认作是“符合上述客观标准，但主观上没有参加现象学运动的人”。①

事实上，作为当代人文学科的一种重要研究方法，解释学向来强调解释活动的主观性、历史性和现实性，认为就某一文本而言，有关解释实际上是其意义的重建过程。小约翰指出：“对文本的阐释长久以来一直是解释学的核心问题。解释学的兴趣是作为理解像《圣经》那样已无法由原作者来进行说明

① 赫伯特·施皮格伯格．现象学运动［M］．王炳文，张金言译．北京：商务印书馆，1995. 40～41

的古代著作的一种手段。……今天，几乎任何文本都是可以进行阐释的，原作者是否仍然在世并能解释他或她原来要表达的意义已不再被看作是有关系的了。文本本身就可以与我们交流。……文本具有的意义与原作者的意图无关。换句话讲，尽管你不曾是原始对话的一部分，你仍然可以阅读一段讯息并从中获得意义。因此，原作者的意图就不限制文本可能被解释为何种意义，而且任何读者的独特理解也都不会限制文本本身想说什么。一旦写了下来，文本就可被任何有阅读能力的人利用，提供多种可能性——而且多次阅读（意义）是完全可能的。"① 可以说，解释学的这一基本观点与所谓“作者以一致之思，读者各以其情而自得”、“作者之思不必然，读者之思何必不然”等中国古代文论思想不谋而合，也为本书从现象学的角度对麦克卢汉这位“主观上没有参加现象学运动的人”的思维方法作出纯粹的文本学解读（即视麦克卢汉的著作为广义现象学文本而将蕴藏其间的传播学研究方法阐释为现象学方法）提供了合法依据。在此意义上，本书所进行的文本研究正是对解释学方法的一次具体运用。

---

① Stephen Littlejohn. *Theories of Human Communication.* Wadsworth Group of Thomson Learning, 2002, p. 188

2　麦克卢汉：一位由特殊经历造就的传播学家

本章简要回顾了麦克卢汉早期从事文学批评的历史及其转向传播学研究的经过，指出分别在文学和传播学领域内对麦克卢汉产生过重大影响的“新批评”与伊尼斯，均因在其各自的学术研究中表现出面向事情本身的实事性的认识态度而在一定程度上契合了现象学的方法论精神，可能对麦克卢汉日后运用现象学方法来进行传播学研究起到了某种引导作用。

2.1　从文学批评到传播学研究

众所周知，作为一位典型的“半路出家”的传播学家，麦克卢汉的学术生涯可被明晰地划分为两个阶段——前一阶段属于文学批评，后一阶段则属于传播学研究。

以文学批评家的面目出现的麦克卢汉，显然没有给世人留下什么印象，然而这段看似无关的经历却对其日后的传播学研究产生了深远影响。因此，对麦克卢汉早年的文学岁月作一粗略的回顾是必要的。有关传记（由加拿大作家马尔尚所撰写的《麦克卢汉：媒介及信使》以其翔实的史料和精辟的分析而被公认为迄今为止最具权威性的麦克卢汉传记。鉴于此，本书对于麦克卢汉相关经历的介绍大都取材于该书）告诉我们：1911 年 6 月 21 日，麦克卢汉出生于加拿大阿尔伯达省埃德蒙顿市的一个普通商人家庭。1928 年至 1934 年，他在就读于曼尼托巴大学期间，逐渐表现出对于文学的浓厚兴趣，并将其确定为自己的主攻专业。在英语系教授的指导下，他系统地研读了斯宾塞、莎士比亚、弥尔顿、麦考利等文学大师的传世经典以及诸如兰姆、黑兹利特、亨特、昆西等文学史家对这些经典的评论著作，同时在学生报纸《曼尼托巴人》上发表了包括其处女作《了不起的麦考利》在内的一系列文学批评文章。最后，麦克卢汉以其硕士学位论文《作为诗人和诗意小说家的梅瑞狄斯》结束了他在曼尼托巴的学业，继而负笈英伦，进入剑桥大学三一学院继续深造。由于剑桥拒绝承认任何外校学历，麦克卢汉不得不花去两年时间重新取得学士学位。但在此期间，他有幸聆听了埃尔文、汤普森、福比斯等诸多活跃于当时英国文学研究舞台上的著名学者的教诲——其中，“新批评”的代表人物里查兹及其弟子利维斯和燕卜荪对他影响最大。经过赴美担任威斯康星大学和圣路易斯大学助教的短暂插曲后，麦克卢汉于 1939 年重返剑桥。次年，他被授予文学硕士学位。又三年后，他完成题为《托马斯·纳什在他那个时代学术中的地位》的博士学位论文，获得哲学博士学位。

马尔尚在谈到上述这段历史时指出，利维斯的《文化与环境》可能对麦克卢汉起到了某种引导作用，使他看到文学批评家的分析能力既可以用来批评文学，也可以用来批评社会和文化。事实上，正是从其剑桥求学的时代起，麦克卢汉开始表现出突破纯文学的狭小天地的倾向。1938 年至 1945 年间，他在多种刊物上陆续发表了《彼得抑或彼得·潘》、《培根的教父文学遗产》、《达格伍德的美国》、《战后的一夫多妻现象是不可避免的吗》、《逃出城堡进入账房》、《艾伦·坡的传统》、《南方的品格》、《现场沙滩上的脚印》等一大批文章，笔锋所向，都是宏大的社会文化主题——这些主题虽或多或少仍与文学有关，但体现于其中的广阔视野和悠远思绪却已不再是一位纯粹的文学批评家所能具有的了。因此，尽管此时的麦克卢汉“还没有写过论述媒介或技术的东西”，马尔尚依然相信：“《文化与环境》使他慢慢离开了里查兹和燕卜荪文学批评的路子，使他最终成为研究社会的学者，成为研究媒介的专家。”①

然而，真正的转折还是发生在1946年以后。这年春天，麦克卢汉应多伦多大学之邀回到加拿大，任教于其麾下的圣迈克学院。他一如既往地撰写各类批评文章，并于1951年出版了个人的首部专著《机器新娘——工业人的民俗》（该书从广告的角度探讨大众文化，虽已触及传播问题，但还不是标准的传播学著作），以此对自己十多年来所进行的社会文化研究作了一个阶段性的总结。而就在同年和次年，伊尼斯的两部传播学代表作《帝国与传播》和《传播的偏向》也相继面世了。我们知道，作为同在多伦多执教的同事，伊尼斯向来以其卓越的经济学成就而闻名于世。早在“二战”之前，他的关于加拿大经济史的两部著作《加拿大的皮货贸易》和《鳕鱼业》就已为他奠定了加拿大政治经济学之父的地位。通过对海狸皮和鳕鱼干的流通交易状况的分析，伊尼斯察觉到这样一个事实：即便是对那些毫不起眼的商品的追求也能改变一个社会。于是他开始思考，什么商品具有真正巨大的影响力？他想到了纸浆和纸，继而想到了报纸和杂志，最后发现，最重要的大宗商品其实就是各种各样的媒介。按照这个思路，伊尼斯将研究焦点从经济史转移到传播史上，用文字、纸张和印刷取代了海狸、鳕鱼和矿石。在《帝国与传播》中，他梳理了自古埃及以来的帝国历史以及左右这种历史的传播形态。在《传播的偏向》中，他进一步将不同历史时期的主导媒介划分为两大基本类型：有利于空间上延伸的媒介（即具有空间偏向的媒介）和有利于时间上延伸的媒介（即具有时间偏向的媒介）。伊尼斯认为，这两种性质截然相反的媒介在人类文明的发展进程中此消彼长、不断竞争，而他的研究就是旨在说明“历史

① Philip Marchand. *Marshall McLuhan: The Medium and the Messenger.* MIT Press, 1998, p. 77, p. 40

上的制度如何抓住各种媒介，利用这些媒介来打造自己的知识垄断。比如，埃及僧侣利用石头上镌刻的圣书文字，中世纪教会利用羊皮纸卷的抄本。历史上的主要冲突是制度的斗争，不同的制度驾驭不同的媒介。主导媒介驾驭高头大马驰骋，直到被敌对的传播媒介拉下马为止”。[①] 在这里，尽管伊尼斯仍是从自己所熟悉的着眼于“制度”的历史学和经济学视角来观照传播问题（这一点并未得到麦克卢汉的继承），但他已然赋予了“媒介”以前所未有的重要地位，提出了将“媒介”作为一种独立事物来加以考察的“媒介本体论”思路，从而预示着传播学研究的一个全新时代的来临。

可以确信，对于当时正开始致力于思考社会文化的技术成因而处在学术转型边缘的麦克卢汉来说，伊尼斯的媒介塑造历史的论断作为一个极其珍贵的启示，无疑起到了将他引入传播学之门的关键作用。多年以后，在为《传播的偏向》所撰写的序言中，麦克卢汉还曾这样回忆自己初识伊尼斯时的兴奋之情：“他注意到我的一些著作，我为此而受宠若惊，于是生平第一次找他的著作来读。从第一篇‘米涅瓦的猫头鹰’开始读，那真是我的福分。遇见了这样一位作家，他的话使我陷入了长期的沉思和探索，那是多么激动人心。”[②] 虽然在 20 世纪 40 年代末至 50 年代初的几年短暂交往中，二者只相互参加过数次由对方主持的讲座或讨论而从未确立正式的师徒关系，但麦克卢汉实际上已自许为伊尼斯的“私淑弟子”，并将其本人的传播学研究看作是对后者事业的继承与延续。1953 年——即伊尼斯去世一年后，麦克卢汉便在其搭档卡彭特的协助下获得了他的第一个由福特基金会资助的传播学研究项目。在所提交的题为《变化中的语言模式和新兴的传播媒介》的申报书

---

① Philip Marchand. *Marshall McLuhan*: *The Medium and the Messenger*. MIT Press, 1998, p. 122

② 哈罗德·伊尼斯. 传播的偏向［M］. 何道宽译. 北京：中国人民大学出版社，2003. 3

中，他反复引用伊尼斯的言论，以说明媒介演化总能导致深刻的社会变革，故欲了解社会必先认识媒介。九年后，麦克卢汉的第一部严格意义上的传播学著作《谷登堡星云——印刷人的诞生》问世。在谈及这本书时，他谦恭地称它是“伊尼斯观点的注脚”。①

麦克卢汉曾在给伊尼斯的一封信中说：“亲爱的伊尼斯：谢谢你重印的讲稿。这给我机会说一说对你的传播研究的兴趣。比如，《帝国与传播》里有些话似乎暗示说，有可能组织起整整一个学派。”② 今天看来，麦克卢汉的预言并未落空，而这个以他为代表的“多伦多学派”也正是在伊尼斯所指出的道路上形成的。诚如马尔尚所言：“伊尼斯给麦克卢汉留下了许多空间去填补。……自从利维斯以来，还没有哪一位教授给他如此深刻的思想激励。多年后，麦克卢汉在和友人的谈话中说，伊尼斯给他‘特别的激励’，推动他进入媒介研究的领域。”③

2.2 “新批评”与伊尼斯巧合的双重影响

毫无疑问，如果说剑桥和多伦多分别是麦克卢汉在文学和传播学领域内植根生长的园地，那么“新批评”与伊尼斯就是当初为这棵学术幼苗浇水施肥的园丁。他们一方面向麦克卢汉灌输了大量的专业知识，另一方面还在研究方法上为他提供了特别的指导。通常说来，授人以“渔”应较授人以“鱼”更为重要，因此下述情况尤其值得我们关注。

---

① 哈罗德·伊尼斯. 传播的偏向［M］. 何道宽译. 北京：中国人民大学出版社，2003. 3

② Eric McLuhan, Frank Zingrone. *Essential McLuhan*. Stoddart Publishing Co., 1995, p. 72

③ Philip Marchand. *Marshall McLuhan: The Medium and the Messenger*. MIT Press, 1998, p. 122

马尔尚曾经这样描述麦克卢汉与剑桥的关系："他在剑桥大学受到了极其深远的影响。难以想象，他的同班同学还有谁比他更加深透地吸收了老师传授的东西。麦克卢汉的剑桥岁月为他打下了坚实的基础，使他受用终身，他以后的一切学术成果几乎都得益于这里的经验。在这一点上，他对这所古老的学校心怀感激。他离开剑桥后，带上他赢的船桨，把这只桨挂在办公室，直至去世。"① 在本书看来，所谓使麦克卢汉"受用终身"的"老师传授的东西"，与其说是具体的文学理论，倒不如说是体现于这些理论当中的方法论思想。我们知道，20世纪上半叶的英国，盛行着一股发源于剑桥的文学批评思潮——它以一种迥别于传统文论的独特眼光来审视文学作品，故被称为"新批评"。作为"新批评"的开山鼻祖，里查兹在他的两部代表作《文学批评原理》和《实用批评》中阐发了其文学批评的基本要义："分析诗歌时，必须更加注意实际使用的词语，注意这些词语的作用；而不是追逐虚无缥缈的真和美；不要再追逐杰作中诗人灵魂的历险；不要再把诗歌当作时代的表现或诗人生平的表现；也不要把诗歌看成各种技巧精心打造的真理的表述。"② 里查兹之后，上述观点得到了利维斯的全力拥护。他不止一次地与当时英国文学理论界的权威奎勒-考奇发生冲突，对其主编的《牛津英语诗选》提出尖锐批判，并通过撰写《小说与读者》、《重新评价》、《英诗的新方向》等著作来重新考量文学批评的标准和方法。利维斯声称，对一切文学作品的阐释都必须着眼于文本自身的表达，因为这才是真正可靠的原始材料，它与那些人为附会的哲学理念、政治立场和历史背景毫不相干。与此同时，燕卜荪出版了《晦涩的七种类型》，以对诗歌中的晦涩语句的具体剖析，生

① Philip Marchand. *Marshall McLuhan*: *The Medium and the Messenger.* MIT Press, 1998, p. 47

② Philip Marchand. *Marshall McLuhan*: *The Medium and the Messenger.* MIT Press, 1998, p. 38

动展示了“新批评”所倡导的抛开各种理论框架而回到作品本身的文学批评新方法的特质。据说，麦克卢汉看过这本书后感慨不已，发现自己终于找到了一条欣赏诗歌的正确途径，而以前之所以不会读诗，就是由于受到雪莱的影响，以为诗歌都要用以体现对自由、平等、博爱等高尚精神的渴望与追求。

无独有偶，伊尼斯在某种意义上重复了“新批评”对麦克卢汉的方法论影响。前面说过，伊尼斯大半生都在从事经济学研究。在攻读博士学位期间，出于对维布伦这位饱受争议但为美国经济学的发展作出过巨大贡献的学者的仰慕，他参加了芝加哥大学的一个维布伦研究小组。通过阅读维布伦的大量“异端”著作，他逐渐明白，但凡维布伦认为需要解释的东西，在新古典主义经济学家看来都是理所当然的。譬如，后者信奉一种所谓的“享受主义计算法”，强调人们的各种行为无不受控于趋利避害的心理动机，而这一“原理”以及那种认为此类经济学法则放诸四海而皆准的观念恰恰是前者所要质疑和挑战的。1929 年维布伦去世后，伊尼斯在一篇题为《索尔斯坦·维布伦的著作目录》的纪念文章中称：“维布伦开展了一场建设性的解放之战，以反对标准化的静态经济学倾向，因为对于这块大陆上越来越多的闹着要求具有最后定论的经济学课本的学生们来说，这种静态经济学已变得十分危险。”①

应该说，作为对独断僵化的教条主义的一种反动，维布伦的经济学研究方法得到了伊尼斯的认可和接受，并在后者的传播学研究中得以进一步发扬光大。麦克卢汉在为《帝国与传播》所撰写的序言中指出：“伊尼斯深入到隐蔽的历史背景中去，从内部去探察文化，了解其运行机制，而不是站在外面对文化进行描绘和叙述。……他用参与性的关怀去研究历史运行机制，而不是用一个观点去研究历史。对历史运行机制越是熟

① Harold Innis. A Bibliography of Thorstein Veblen. *Southwestern Political and Social Science*, 1929 (1), p. 67

悉，他就越是不想进行道德说教。……他把一切事情都当作实际问题来对待，解决方法则是直接的观察和分析，以及用历史比较和对比的方法发展了的自身的感性认识工具。由此得到的意识既没有给说教，也没有给观点留下什么余地。这样的观点是要依靠一个固定的立场的，他的兴趣让他全神贯注于发展的运行过程，从而不能用静态的立场，不能以纯粹旁观者的身份去思考历史景观。”① 显然，深受“新批评”方法论影响的麦克卢汉，对伊尼斯凭借“自身的感性认识工具”所进行的“直接的观察和分析”产生了强烈共鸣。在他看来，这种可被称为“经验知识论”的研究方法对于“说教”、“观点”和“立场”的排斥，正如“新批评”对于文学陈规的破除一样，都是值得学习和借鉴的。

如果说“新批评”和伊尼斯分别在其各自的学术实践中创用了文学与传播学研究的新方法，而麦克卢汉也把他们所传递下来的薪火主要当作一种方法论的东西来接受（当然，麦克卢汉最终实现了对前辈的超越，在“方法”层面上作出了更为艰苦卓绝的探索），那么巧合的是，二者的研究方法都在相当程度上体现了面向事情本身的实事性的认识态度，从而与现象学方法的基本精神有了某种契合之处。尽管我们并不能就此认定麦克卢汉是因此而走上现象学之路的，但上述事实至少可以说明他那与众不同的思维方法毕竟渊源有自，而其与现象学发生联系也并非完全没有铺垫和先兆。当然，以上观点也许此时还不易被理解，因为我们对现象学方法的系统介绍尚未开始——在下一章中，本书将解决这个问题。

---

① 哈罗德·伊尼斯．帝国与传播［M］．何道宽译．北京：中国人民大学出版社，2003.2～3

3 现象学：一种本质直观的哲学方法

本章在将现象学理解为一种哲学方法的前提下，具体阐释了现象学方法的主要特征，指出以遵循直接直观的基本原则并寻求直观基础上的本质洞察为其根本要点的现象学方法的核心在于本质直观，而由于本质直观基本解决了认识如何可能这一现象学最为关心的首要问题，它因此是通过实现认识论上的重大突破来获得其为整个现象学运动所独尊的方法论地位的。

3.1 作为“方法”的现象学

3.1.1 “方法”与“方法论”

在具体讨论现象学方法之前，我们有必要首先澄清“方法”和“方法论”这两个在上文中已反复出现过多次的基本概念。“方法”之说，在我国始见于先秦，为墨子《天志篇》训作“度量方形之法”。在西方，“方法”（method）一词源出希腊文，系由“沿着”（μετα）和“道路”（οδοζ）复合而成，取“按照某种途径”之意。作为一个专门概念和特定术语，“方法”在历史上曾有过多种定义：“方法是那种能够完全地认识一个客体的方式”（康德）、“方法是从原则推出一些东西的这样一种方式的一般说明”（赫尔巴特）、“方法是手段的统筹安排，通过这种安排，人们将最好地达到目的”（古特伯雷特）、“方法是一门科学获得有关其对象的有效判断的方式”（埃德曼）、“方法是规则的集中体现，根据这些规则，认识或意愿的某种素材在统一看法的意义上基本得到确定和判断”（施丹勒）、

“方法是任何特殊领域中实施程序的方式，即组织活动的方式和使对象协调的方式”（鲍亨斯基）、“方法是根据研究对象的运动规律，从实践和理论上掌握现实的形式；是改造的即实践活动或认识的即理论活动的调节原则的体系”（柯普宁）……①笼统说来，无论是“方式”和“安排”，还是“规则”、“程序”和“形式”，都可以被通称为“手段”。“方法”的基本含义，就是用以解决某个问题、达成某种目的的手段。

毛泽东曾说：“我们不但要提出任务，而且要解决完成任务的方法问题。我们的任务是过河，但是没有桥或没有船就不能过。不解决桥或船的问题，过河就是一句空话。不解决方法问题，任务也只是瞎说一顿。”② 应该说，方法的这种极端重要性在科学研究中表现得尤为突出。德国数学家莱布尼兹就认为，数学的本质不在于它的对象，而在于它的方法。事实上，包括数学在内的一切领域的科学研究莫不视“方法”为其根本所系。前苏联物理学家瓦尔沙夫斯基指出：“研究方法在很大程度上决定着研究的价值，就是说，正确的方法会提高研究的效率，过时的、考虑不周的方法则会使研究的价值受到影响。有时方法选择和制定的不够仔细，会造成全部工作的返工。因此科学工作者必须细心确定（选择和独立制定）研究方法，即要把进行研究所必需的方式方法通盘确定下来。”③俄国生理学家巴甫洛夫也坦承：“初期研究的障碍，乃在于缺乏研究方法。无怪乎人们常说，科学是随着研究方法所获得的成就而前进的。研究方法每前进一步，我们就更提高一步，随之在我们面前也就开拓了一个充满着种种新鲜事物的、更辽阔

---

① 刘大椿．科学活动论·互补方法论［M］．桂林：广西师范大学出版社，2002. 300～301

② 毛泽东．关心群众生活，注意工作方法［A］．毛泽东选集（第一卷）［C］．北京：人民出版社，1991. 139

③ 科尼卡·瓦尔沙夫斯基．科学工作者应如何组织自己的劳动［M］．程德扬译．北京：科学技术文献出版社，1980. 58～59

的远景。因此，我们头等重要的任务乃是制定研究方法。"①

由于方法重要，故将方法本身作为对象加以考察的传统源远流长（苏格拉底、柏拉图、亚里士多德等古希腊哲学家对辩证法及形式逻辑的探讨在这方面具有开创意义）。在此类研究中，方法一旦在宏观和抽象的层面上获得理论化的整理与总结，即可形成"方法论"。就科学研究而言，方法论通常被理解为关于科学认识活动的体系、形式和方式的原理的学说。它首先要求阐明科学探索过程中的各种要素的意义——这些要素包括研究程序、理论模式、发现和辩护的方式等；其次要求剖析科学活动结构的各个方面：逻辑本质、心理学的分析、社会学的处理等；最后也是最重要的，还要求指明科学研究所遵循的纲领或规范——即究竟用何种眼光看待世界、体现出什么样的传统和风格。因此，"方法"与"方法论"是两个不同层次而又密切相关的概念。"方法论"是"方法"的理论基础，它反映了"方法"的创立者和使用者对于自然、社会以及人自身的根本认识和理解，具有为一切知性活动奠基的重大意义。按照德国哲学家康德的说法，如果我们把人类知识的总和看成是"一座大厦"，那么，"现在对我们来说，所关心的与其说是材料，不如说是计划，并且由于我们被警告不要在一种随意而盲目的、也许会超出我们的所有能力的设计上去冒险，却又仍然不可能放弃建立一座坚固的住处，所以就必须按照所提供给我们而同时又适合于我们的需要的那个储备的比例来对这座大厦作出估计"。事实上，所谓"计划"，就是"方法论"——在康德眼里，它是作为"对纯粹理性的一个完备系统的诸形式条件的规定"而存在的。②

综上可见，方法论归根结底属于哲学反思的范畴。尽管按

---

① 彼得罗维奇·巴甫洛夫．科学家的使命［A］．巴甫洛夫全集（第五卷）［C］．北京：人民卫生出版社，1959.16

② 伊曼努尔·康德．纯粹理性批判［M］．邓晓芒译．北京：人民出版社，2004.549

其不同层次有具体科学方法论、一般科学方法论和哲学方法论之分，但实际上，前两类方法论最终都可以并且应该回溯到哲学方法论上，因为后者乃是关于认识世界和改造世界的最根本的方法理论。据此不难理解，本书虽是一项关于某个具体科学（传播学）方法论的研究，但也必然归结于哲学层面的方法论探讨。换句话说，本书对于传播学研究方法的考察，都是在其哲学的源头意义上进行的。

3.1.2　现象学运动统一于它的"方法"

现象学作为现代西方最重要的哲学思潮之一，系由德国哲学家胡塞尔于20世纪初叶正式创立（德国哲学史家瓦尔登费尔茨将胡塞尔在1900至1901年间发表《逻辑研究》这一重大事件称为"现象学的受洗"，因为确切地说，现象学在此之前已经孕育并诞生于作为胡塞尔之先导的布伦塔诺和施通普夫等人的思想中），20、30年代在德国达到繁盛，产生了诸如普凡德尔、莱纳赫、舍勒、盖格尔、海德格尔、伽达默尔、帕托契卡、芬克等一大批从事现象学研究的哲学家，40、50年代传入法国并成为当时法国最主要的哲学流派，在海德格尔和伽达默尔的直接影响下，形成了梅洛-庞蒂和萨特的存在主义哲学与利科的哲学解释学。此后，现象学的覆盖范围从西欧不断扩展到北美、东欧乃至拉丁美洲和亚洲，成为了一种名副其实的国际性哲学思潮。时至今日，但凡在全球哲学界享有声誉的人物如施密茨、福柯、德里达、拉康、利奥塔等，几乎无不处在与现象学的对话领域。在德国哲学家哈贝马斯所总结的20世纪西方哲学的四大思潮中，现象学位列分析哲学、结构主义和西方马克思主义之前而居首席。德国哲学史家舒尔茨所归纳的"科学化"、"内在化"、"精神化与肉体化"、"历史化"、"责任化"等五种当代西方哲学的基本趋向，似乎也都与现象学有着或多或少、或直接或间接的联系——联合国"教科文"组织于20世纪70年代专门邀请作为现象学家的利科担任旨在反映“二战”以后世界各国人文社会科学领域中的最新学术进展的大型丛书《社会科学和人文科学研究主要趋向》的“哲学卷”的主编和总撰稿人这一事实便可资佐证。现象学的这种巨大影响，令那些即便对现象学抱排斥态度的哲学家们亦无从回避。正如瑞士哲学家海尔施所说：“胡塞尔不是‘我的’哲学家。对于我来说，他的哲思太叫人捉摸不透，他用过多和过于复杂的语言来表述他对直接性的要求，有时我甚至不知道，这是一种深刻性呢，还是一种‘模糊性’。我恨不得能将他干脆置而不论，因为在构想这本书时已经考虑到：它可以是不完整、不连贯的。但这种置而不论的做法是不可能的：胡塞尔对当代哲学以及对各种精神科学的影响实在太明显、太深刻了。于是我只能尽力而为之。”① 海尔施的话道出了许多非现象学的哲学研究者的共同感受，从中我们可以看到这样一个事实：现象学在相当程度上引导了20世纪西方思想的发展，以至于对胡塞尔的不理解也就意味着对现当代西方哲学——至少是欧洲大陆哲学——的认识的狭隘性。或许正是在这个意义上，海德格尔说：“现象学……在各种不同的领域中——主要是以潜移默化的方式——决定着这个时代的精神。”②

那么，什么是“现象学”呢？有趣的是，人们对于这个概念本身的理解远较对其重要性的认识来得模糊。梅洛－庞蒂的《知觉现象学》的开场白就是：“什么是现象学？在胡塞尔的最初著作出版后的半世纪，还要提出这个问题，似乎是离奇的。然而，这个问题远没有解决。”③ 伽达默尔对此也有同感：“几乎每一个可以划到现象学领域中去的学者都提出过‘现象

---

① 倪梁康．现象学及其效应——胡塞尔与当代德国哲学［M］．北京：三联书店，1994. 8

② 马丁·海德格尔．面向思的事情［M］．陈小文，孙周兴译．北京：商务印书馆，1999. 98

③ Maurice Merleau-Ponty. *The Phenomenology of Perception*. transl. by C. Smith. Routledge, 1962, p. Ⅰ

学是什么'这个问题，并且对该问题的回答都各不相同。”①而以研究现象学史著称的美国哲学家施皮格伯格则干脆断言：“这个问题本身是完全合情合理的。但是这个问题是无法回答的，因为不管怎么说，关于有一种所有的现象学者都赞同的统一哲学这种当作基础的假设就是一种错误观念。”② 这也就是说，所谓“现象学”，从来就不是一个有组织的哲学学派，其内部并不存在严密的理论体系——不仅胡塞尔的后学纷纷与他分道扬镳，而且就连胡塞尔本人的思想也处在不断地变化之中。这种状况，曾被施皮格伯格形象地描述为：胡塞尔围绕着某个中心作螺旋状盘旋，转了几圈之后，其追随者陆续从切线上被抛了出去，可以说是循着胡塞尔的早期方向继续前进，而胡塞尔本人却已经改变了路线。在这里，我们大抵能够懂得施皮格伯格之所以要将现象学思潮的发展称为“现象学运动”的原因了。

然而，既然是一场运动——尽管这场运动“只不过就是它在各式各样的现象学家五花八门和变动不居的思想中表现出来的现象学的历史”,③ 那么它至少也应该拥有某种内核，以证明对所有那些被纳入其中的“五花八门和变动不居的思想”冠以“现象学”这样一个共同的头衔是正当的。法国哲学家莱维纳斯曾经指出：“现象学将一些哲学家联合在一起，但并不是以康德主义联合康德学派、斯宾诺莎主义联合斯宾诺莎追随者的方式。现象学家并不去从事胡塞尔所明确表述的那些命题，他们并不仅仅献身于对他著述的解释或他著述的历史。他们的活动的方式有相近之处。这种一致性与其说是在于对一批

① 汉斯-格奥尔格·伽达默尔. 现象学运动 [A]. 邓安庆译. 伽达默尔集 [C]. 严平编. 上海：上海远东出版社，2003. 345

② 赫伯特·施皮格伯格. 现象学运动 [M]. 王炳文，张金言译. 北京：商务印书馆，1995. 6 ~7

③ 赫伯特·施皮格伯格. 现象学运动 [M]. 王炳文，张金言译. 北京：商务印书馆，1995. 916

确定的陈述的赞同，不如说是在于接近问题的方式。”① 的确，如果说“各式各样的现象学家”之间存在着某种共性的话，那么这种共性就应该是他们拥有同样一种“接近问题的方式”，换句话说，他们都是运用现象学方法来开展研究的——无论其研究对象与研究结果有多大的差异。正如施皮格伯格所说：“至少在目前阶段上，它的最独特的核心就是它的方法。关于这一点在现象学家中间很少有分歧。”② 应该认为，正是这种方法上的共识昭示着现象学的生命力，而作为现象学之所以能够成为一门吸引众多哲学家投身其中的“世纪显学”的首要原因，现象学的方法就是那个能够维系整个现象学运动的统一性的东西。至此，我们已不难理解为什么胡塞尔与海德格尔都那么肯定地将现象学解说为一种“方法”了：“现象学：它标志着一门科学，一种诸科学学科之间的联系；但现象学同时并且首先标志着一种方法和态度：特殊的哲学思维态度和特殊的哲学方法。”③“现象学不是哲学科学中的一种，也不是其他科学的一种前科学，‘现象学’的说法就是科学的哲学方法的标题。”④

3.2 本质直观是现象学方法的核心

3.2.1 直接直观的基本原则

现象学方法究竟是一种什么方法呢？为了回答这个问题，

---

① 倪梁康．现象学运动的基本意义——以此纪念现象学运动一百周年［A］．面对实事本身——现象学经典文选［C］．倪梁康编．北京：东方出版社，2000. 5

② 赫伯特·施皮格伯格．现象学运动［M］．王炳文，张金言译．北京：商务印书馆，1995. 918

③ 埃德蒙德·胡塞尔．现象学的观念［M］．倪梁康译．上海：上海译文出版社，1986. 24

④ 张廷国．重建经验世界——胡塞尔晚期思想研究［M］．武汉：华中科技大学出版社，2003. 39

我们必须从胡塞尔创立现象学的最初动机说起。众所周知，作为一位伟大的哲学家，胡塞尔毕生都怀有一种崇高的历史使命感。他曾说："我们的生活目标在总体上有两种：一种是为了时代，另一种是为了永恒；一种服务于我们本己的完善以及我们同时代人的完善，另一种服务于后人的完善乃至最遥远的后代人的完善。"① 显然，胡塞尔本人是立志于追求后一种"生活目标"的，因为将哲学建设成为一门至高无上的"严格的科学"（胡塞尔称之为"现象学"），以为各种具体科学奠定绝对可靠的认识论基础，正是一项超越"时代"而关乎"永恒"的事业。他认为，哲学的这一理想之所以直到近代都未能实现，其原因在于自然科学及其影响下的所谓"自然主义哲学"（主要指唯物论、经验论和实证主义哲学）总是在一个预设了外部世界的存在的框架内活动，却没有对这个框架本身作出反思。比方说，我们首先确认某种东西是"树"，然后再去研究这种名叫"树"的东西——在这里，树之为"树"已是一个不言而喻的前提，因此无人问津。然而相反，胡塞尔却恰恰要对这个看似不言而喻的前提提出质疑：我们究竟凭什么知道那种被称为"树"的东西就是"树"呢？如果说现象学产生于对传统哲学忽略认识的可能性问题而将其对世界存在的拥有视为当然的做法的彻底批判，那么在胡塞尔看来，哲学家首先需要从源头发问，刨根掘底地追诘认识是如何能够"切中"自在之物的。为此，"认识"本身被当作了考察对象。而在借鉴笛卡尔哲学的基础上确认思维具有无可怀疑的绝对被给予性，便是全部考察之始。

我们知道，法国哲学家笛卡尔提出"我思故我在"的目的，在于为其知识演绎体系提供一个确定无疑的逻辑起点。他说，我可以怀疑一切，但不能怀疑我的"怀疑"，因为当我怀

---

① 埃德蒙德·胡塞尔．哲学作为严格的科学［M］．倪梁康译．北京：商务印书馆，1999. 59

疑我的“怀疑”时，我就已经在怀疑了。显然，笛卡尔的“我思”所具有的这种自我明证性正是胡塞尔所需要的：“笛卡尔的怀疑考察方式为我们提供了起点：在体验的过程中和对体验的素朴反思中，思维和体验的存在是无可怀疑的；直观地直接把握和获得思维就已经是一种认识，诸思维是最初的绝对被给予性。”[①] 这也就是说，我们在进行思维（这里的“思维”是一个宽泛的概念，包括一切知觉、体验、认识、想象等等——现象学所谓的“现象”，也就是呈现于这些思维中的意识现象）的同时，这个思维本身可以作为一个直接给予我们的对象而被我们直观无疑地把握到。譬如，我看见远处有一棵树，不管远处是否真有这棵树，我的确看见了这棵树，即便这是我的幻觉，这个幻觉本身也是真实的。这里实际上存在着两个层次的“看”。第一层“看”，看的是树，由于这棵树可能存在也可能不存在，因此是值得怀疑的；第二层“看”，看的是这个“看”本身，由于这个“看”本身正在进行，因此是毋庸置疑的。可以说，第一层“看”旨在对那些外在于我的自在之物作出某种超越的判断，缺乏明证性的认识论基础，而第二层“看”则完全将自己限制在内在于我的思维直观中，“没有表述其他什么，没有超越自身去意指什么”，[②] 故它所获得的认识的明晰性是任何超越的科学都无法达到的。正是在这个意义上，胡塞尔说：“如果认识批判是一门不断想明晰所有的认识种类和认识形式的科学，那么它就不能运用任何一门自然的科学，它不能与自然的科学的成果和它们对存在的确定发生联系，这些成果和确定对它来说是有疑问的。所有科学对于它来说仅仅是科学现象。把它同自然科学作任何联系都意味着

① 埃德蒙德·胡塞尔．现象学的观念［M］．倪梁康译．上海：上海译文出版社，1986. 8

② 埃德蒙德·胡塞尔．现象学的观念［M］．倪梁康译．上海：上海译文出版社，1986. 10

错误的‘超越’。”①

的确，现象学就是这样一门旨在进行严格的“认识批判”的科学——它要对传统的认识论痛加针砭，无情地揭露其中的囫囵、可疑和荒谬之处，从而使我们的一切认识都能达于真正清晰的澄明之境。正如胡塞尔所指出的：“如果建立一门认识论的打算是可能的，那么这个领域正是我们所需要的。事实上，关于认识的意义方面和本质方面的模糊性正需要一门关于认识的科学，这门关于认识的科学的意图就仅仅在于使认识获得本质的明晰性。”② 为了做到这一点——即“揭示、澄清、阐明认识的本质和这本质所属的关于有效性的合理要求，换言之，使它们成为直接的自身被给予性”，③ 胡塞尔提出了他的著名的“中止判断”的方法，主张放弃一切有关外部世界存在的设定，同时相应地将历史上遗留下来的对于世界的各种看法统统置入“括号”，存而不论。可以说，通过这种现象学的“悬搁”，指向外在的超越的认识被还原为内在思维的直观的认识，“所有超越之物（没有内在地给予我的东西）都被给以无效的标志，即它们的存在，它们的有效性不能作为存在和有效性本身，至多只能作为有效性现象”。④ 而上述狭义的“现象学还原”（广义的“现象学还原”还包括下面将要提到的“本质还原”和“先验还原”）的重大意义就在于，它在最基础的层面上完成了清除研究对象中非明证性因素的工作，强调对纯粹的意识现象加以无成见、无预设的直接把握，围绕“直观”这一中心概念确立了被称为“全部原理之原理”的现

---

① 埃德蒙德·胡塞尔．现象学的观念［M］．倪梁康译．上海：上海译文出版社，1986. 10

② 埃德蒙德·胡塞尔．现象学的观念［M］．倪梁康译．上海：上海译文出版社，1986. 31

③ 埃德蒙德·胡塞尔．现象学的观念［M］．倪梁康译．上海：上海译文出版社，1986. 31

④ 埃德蒙德·胡塞尔．现象学的观念［M］．倪梁康译．上海：上海译文出版社，1986. 11

象学"第一方法原则"："任何原初地给予的直观都是认识的合法源泉，一切在直观中原初地（即所谓在其亲身的现实性中）呈现给我们的东西，只能按照它自身被给予的那样，而且也只能在它自身在此被给予的界限之内被接受。"①

3.2.2　直观基础上的本质洞察

胡塞尔认为，通过狭义的现象学还原，直观的现象已然能够在呈现自身的同时初步回答认识如何可能的问题，因为它显示了认识的起点和源头。然而，仅有这个起点和源头是远远不够的。由于我们的认识总要追求某种普遍的有效性而必须经常处理一般性的东西，故直观如果只能涉及个别之物，它就仍然无法解释认识究竟是怎样成为可能的。于是，一个"一般能否被直观"的问题摆在了胡塞尔面前。他说："难道不应当把另一些被给予性直观地设定为绝对的被给予性？例如把一般性设定为绝对被给予性，以至于一个一般之物直观地成为自明的被给予性，对这种被给予性的怀疑会再次导致背谬。"② 言下之意，为了最终解决认识的可能性问题，必须使现象学进一步上升为一门"本质科学"以阐明一般之物的直观性质。然而遗憾的是，在这个问题上，笛卡尔式的"我思"已经无能为力了，因为它只是一个孤零零的思维本身，虽然具有作为认识之起点和源头的自我明证性，但却无法与客体世界相沟通，更谈不上将直观拓展为一种本质认识了。因此，在充分汲取"我思"精髓的基础上，胡塞尔认为有必要"通过适当的改造来利用它"。③ 而这种"改造"，就是将它与"意向性"结合

---

① 埃德蒙德·胡塞尔．纯粹现象学通论［M］．李幼蒸译．北京：商务印书馆，1992. 84

② 埃德蒙德·胡塞尔．现象学的观念［M］．倪梁康译．上海：上海译文出版社，1986. 46

③ 埃德蒙德·胡塞尔．现象学的观念［M］．倪梁康译．上海：上海译文出版社，1986. 29

起来。

我们知道，在布伦塔诺最早提出“意向性”概念后，胡塞尔从前者的讲座中得到了这个思路，将它用于自己的现象学建构。所谓“意向性”，实际上是指一切意识活动的一个基本特点——即它们都具有意指功能。换句话说，我们的任何意识无一例外地是关于某个对象的意识，没有哪个意识是完全无对象的。在胡塞尔看来，所有意识活动均可被视为意向性活动，其所指向的就是意向对象——它产生于意向活动对感觉材料的“激活”与“统握”。譬如，当我看一张桌子时，这张桌子的颜色、形状、尺寸等各种构成因素都进入我的意向活动之中，结果我只看到一张完整的桌子本身。也就是说，我并没有去组合感觉材料，我所看到的就是直接呈现给我的意向对象——当然，没有感觉材料的参与，这个意向对象也根本无法呈现出来。国学大师钱钟书尝言，我们可以“从飞沙、麦浪、波纹里看出风的姿态”。[①] 如果说“飞沙”、“麦浪”、“波纹”都是感觉材料，那么“风”就是意向对象。“风”的显现要以“飞沙”、“麦浪”、“波纹”为依托，但“风”并不存在于“飞沙”、“麦浪”、“波纹”之中，它只是通过后者来实现其显现罢了。在这里，我们从“飞沙”、“麦浪”、“波纹”中窥见的并不是这些感觉材料本身，而是借由它们所显现出来的那个意向对象——“风”。

如果上述喻释还嫌不够清楚的话，我们不妨再来看看国内学者张祥龙的以下说法：“我可以把这整个意向活动的意向性结构比喻成老式的放电影过程。老式的电影有一盘盘的电影胶带，电影胶带上是一张张分隔开的照片，每张照片是静态的，清清楚楚的。比如一匹马在跑，每一张照片不可能直接反映马的运动，不然它就模糊了；它只能是马在一瞬间姿态的定格，所以看起来怪怪的，你似乎从来没有看到过马处在这种姿态

① 钱钟书．旧文四篇［M］．上海：上海古籍出版社，1979．2

上。这个胶带就相当于感觉材料，胶带放到放映机里转，转某个马达，就像意向活动，把这个胶带激活；还有那一束光线投射出来，相当于这个激活中的统握。转的时候，每秒钟24张，慢也不行，快也不行。'忽忽'放的时候，一道光线出去，最后它投影在这个银幕上的是什么呢？是一个活生生的对象，不是一匹、一匹的马并排在那儿，也不是一张图像、一张图像地依次出现，更不是叠加在一起的混乱，而是一匹马在跑，活生生的马在跑。所以这个银幕上投影出的东西，相当于意向活动投影在我们意识屏幕上的意向对象，我们看到的是马在跑，但里面有感觉材料的参与，意向活动对它们进行激活和统握。"①可见，意向对象不是由感觉材料简单拼凑出来的，而是对感觉材料的全新拔高与升华。为了更明确地界定二者的关系，胡塞尔特意区分了两种"内在"：一种是"实项的"内在——即为意向活动奠基的感觉材料；另一种是"意向的"内在——即通过意向活动对感觉材料的处理而形成的意向对象。相对于前者而言，后者是超越的，但由于它并未逸出意识之外，因此这种超越仍然是内在的，是可以为现象学所利用的一种合法的超越，而不是必须为现象学所排斥的那种外在的、非法的超越。如果按照胡塞尔的提法，将"非内在地给予"称为"超越"，那么这里所谓的"超越"，便是一种非超越的"超越"。

之所以说在胡塞尔这里，笛卡尔的那个干瘪空洞的"我思"被赋予了某种"生育力"，是因为借助意向性的介入，它获得了自己的意向对象，从而突破了原先狭隘的内在性领域，使得所谓"内在"的问题，本身具有了一种超越性。正如胡塞尔所说："这种与超越之物的联系在纯粹现象中却仍具有某种可把握的东西。这种与超越之物的关系，以这种或那种方式

① 张祥龙．朝向事情本身——现象学导论七讲［M］．北京：团结出版社，2003．63～64

对它的意指仍然是现象的内在特征。”[①] 至此，胡塞尔实际上指明了一般性被直接给予的途径。换言之，“本质直观”的可能性已经被暗示出来了。如前所述，意向活动的功能在于将感觉材料加工为我们的意向对象。如果说在这一“人化”的过程里，意向对象作为一种超越之物，在自我思维的内在性中理应具有相当的可塑性，那么我们的意向性意识所指向的是个别对象还是一般对象，其实也就并无泾渭分明的或逻辑上不可逾越的界线。胡塞尔据此推论道：“无疑，在那个结果中，若无把一种直观的关注转化为‘相应的’个别并构成某个样本的意识的自由可能性，任何本质直观都是不可能的——正如，相反地，若无产生出思维能力的自由可能性，并且在其中，把一种直观的关注指向相应的个别地看到的东西之样本的本质的自由可能性，对任何个别事物的直观都是不可能的。”[②] 这样，胡塞尔就指出了并存于我们思维中的两种直观：经验直观和本质直观。经验直观是一种感性直观，针对的是个体对象；本质直观是一种理性直观，针对的是范畴对象。而经验直观向本质直观的过渡，在他看来，是可以通过我们转变自身目光的“朝向”——即所谓的“自由想象的变更”——而实现的。

对此，胡塞尔曾举例说：“我们看一下一般之物的被给予性情况，这种情况就是：一个纯粹内在的一般性意识根据被观察的和自身被给予的个别性构造自身。我具有关于红的一个或几个个别直观，我抓住纯粹的内在，我关注现象学的还原。我截断红在被超越地统摄时所意味着的一切，如意味着我桌上的一张吸墨纸的红等等，现在我纯粹直观地完成一般的红或特殊的红的思想的意义，即从这个红或那个红中直观出同一的一般之物；现在个别性本身不再被意指，被意指的不再是这个红或

---

① 埃德蒙德·胡塞尔．现象学的观念［M］．倪梁康译．上海：上海译文出版社，1986. 42

② 维克多·维拉德－梅欧．胡塞尔［M］．杨富斌译．北京：中华书局，2002. 59

那个红，而是一般的红。”[①] 由此可见，一方面，本质直观离不开经验直观，“它以个体直观的一个主要部分，即以一个个体的显现，一个个体的可见存在为其基础”[②]（胡塞尔因此经常谈到“一般性意识在个体直观上的建立”、“作为本质把握之基础的个别直观”等问题）；而另一方面，虽然“不能把本质直观视为无视经验的对对象的特许的直观”，[③] 但它一旦发生，就相对独立于经验直观了。譬如在上述那个关于“红”的例子中，“我们对红的因素进行观察，但同时进行着一种特殊的意识行为，这种意识行为的意向是指向观念、指向‘一般之物’的。……于是我们便直接把握了红本身的特殊统一”。[④] 显然，在这里，这个通过某个或某些具体的红而显现出来的“红本身”，已经具有了不依赖于那个或那些具体的红而存在的某种自在性，具有了“先天的、绝对普遍的有效性”。[⑤] 事实上，胡塞尔非常强调在“本质还原”（即“本质直观”）中，通过悬置掉经验流变的事实性世界来获取关于先天普遍本质的绝对意识观念，以至于说：“凡在我的著作中谈到‘先天’的地方，我所指的都仅仅是本质。”[⑥] 据此而论，现象学所理解的“本质”——即所谓的“艾多斯”（eidos——该词初见于柏拉图的《理想国》，系指“理念”），就是一种作为有着“绝然的明证性”的先验之物的纯粹观念本质。正如美国哲学家维拉德－梅欧所指出的：“个别事实是通向它们的

---

① 埃德蒙德·胡塞尔．现象学的观念［M］．倪梁康译．上海：上海译文出版社，1986. 49～50

② 倪梁康．现象学及其效应——胡塞尔与当代德国哲学［M］．北京：三联书店，1994. 77

③ 维克多·维拉德－梅欧．胡塞尔［M］．杨富斌译．北京：中华书局，2002. 48

④ 倪梁康．现象学及其效应——胡塞尔与当代德国哲学［M］．北京：三联书店，1994. 76

⑤ 倪梁康．胡塞尔现象学概念通释［M］．北京：三联书店，1999. 234

⑥ 倪梁康．胡塞尔现象学概念通释［M］．北京：三联书店，1999. 111

艾多斯的道路，但是艾多斯、本质或共相的对象不包括任何对存在、个别事实等的确认。……存在着不具有任何现实个别的本质，尽管所有艾多斯或本质至少具有成为想象中的实例的可能性。”①

3.2.3 本质直观的方法论地位

胡塞尔指出：“如果我们在完全的明晰性、完全的被给予性中直观到‘颜色’是什么，那么被给予之物便是一个‘本质’；并且，如果我们在对一个一个的感知进行观察时，在被给予性中纯粹地直观到‘感知’自身是什么，那么我们也就直观地把握住了感知的本质。直观，直观意识伸展得有多远，相应的‘观念直观’或‘本质直观’便伸展得有多远。”② 这也就是说，本质直观不仅是把握意识对象本质的方法，同时也是把握意识行为本质的方法（胡塞尔因此将现象学视为一种“内在意识形态本质论”）。如果说现象学从根本上具有变革认识论的重大意义，那么这种意义就在于它通过以本质直观来阐释人的意识活动（即所谓的“意向性活动”），使我们提高了对于自身思维的认识水平，由此能够从一个全新的角度和更深刻的层面上去理解我们究竟是如何认识事物的。谈至这里，我们终于可以回到本节开头所提及的那个问题上了：我们凭什么知道某一个个物属于这一类事物而不属于另一类事物——譬如，我们见到一棵树，怎么就知道它是“树”而不是别的什么东西呢？事实上，这一问句中的“树”可以被无穷无尽地置换为“花”、“鸟”、“鱼”、“虫”、“森林”、“大地”、“海洋”、“天空”等其他任何一种名词，以致海德格尔说：“离开

① 维克多·维拉德－梅欧．胡塞尔［M］．杨富斌译．北京：中华书局，2002. 60

② 倪梁康．现象学及其效应——胡塞尔与当代德国哲学［M］．北京：三联书店，1994. 79

‘在’（即事物的一般本质——引者注）这个空而普遍的词并奔向‘在者’（即事物的个别特例——引者注）自身的个别领域之特殊情况去吧！要干此事马上就有很多玩意儿供我们调遣。随手抓到的事物，时时刻刻在我们手边的一切器具、工具、车辆等等。……如果我们的目标是浩大的在者，那么地球就在我们身边。同样的情况像眼前的山峰在着，山后升起了月亮或一颗行星都在着。在一条热闹的街上在着拥挤的人群。在着我们自己。在着日本人。在着巴赫的追逸曲。在着施特拉斯堡的大教堂。在着惠尔德林的赞美诗。在着罪犯。在着精神病院的精神病患者。在者到处都是，而且毫无疑问，随你高兴怎么找总有在者。然而我们到底是从哪里知道，我们这样有把握地指指数数的一切，总是这样的在者呢？”①

在海德格尔看来，我们根据所见过的各种各样的树来提炼“树”的本质——即从“在者”中抽象出“在”——是对上述问题的一种常规性回答，但这种观点其实是无法成立的：“如果我们要把‘树’的本质是什么说一说而且划定范围，我们就离开一般表象而转向一些树的特殊品种和这些品种的个别实例。此一做法是这样地不言而喻，差不多我们都不好意思把它单提一下了。然而事情并不这样简单。……我们为要确定‘树’的本质而必须把其特殊范围踏行一遍，如果这也是对的话，那么下述情况却至少也是同样对的：只有当我们越是原始地设想与知道‘树’的一般本质，在此也就是‘植物’本质，而这就是说‘生物’与‘生命’本质，摸清楚其本质的工作才得开始才得提高。如果在此工作中对树的情况正待展开的知识我们还心中无数而此正待展开的知识从自身中与从其本质渊源中都还没有明白可见地确定清楚，那么我们可以成千上万遍地找遍所有树——一切还停留在一种性急的大胆妄为状态中，

① 马丁·海德格尔．形而上学导论［M］．熊伟，王庆节译．北京：商务印书馆，1996. 76

在此状态中我们面对一片树木而看不见树。”[①] 事实上，任何人都不会在认识“树”为何物时“把其特殊范围踏行一遍”，更不可能“成千上万遍地找遍所有树”。尤其那些牙牙学语的孩童也知道“树”之所指，而他们又何曾研究过这样或那样的树的具体实例呢？可见，树的“在”并不是我们通过考察众多树的“在者”以发现其共性而得到的。相反，正如海德格尔所言：“我们必须预先已经知道‘树’是什么，然后才能找出与发现个别树种的特殊件就是这样的树。”[②] 也就是说，我们正是因为已经有了一个关于“树”的普遍概念，故而才会知道应该把这里或那里的各种各样的树都看作是“树”。换言之，我们对于任何一个个别之物的指认都必然包含了对于它的一般之物的把握——将一棵树称为“树”这一行为本身就意味着树的本质已然为我们所捕捉到了，否则这棵树在我们眼中便不能成其为“树”。不言而喻的是，在这里，所有人对于树的“艾多斯”的理解肯定都是一样的，因为我们都赋予了它一个共同的名称：“树”——这说明大家都“把此一名称之唯一无双情况确知在心”。[③] 反过来说，“倘若‘树’这个一般表象真是完全不确定而且含糊不清以至于我们在寻找与发现中竟得不到任何可靠的指示的话，那就可能出现这样的情况：我们竟凑凑合合把汽车或兔子作为确定的特殊者当作树的例子了”。[④] 海德格尔据此得出如下结论：尽管“在”这个词在其含义上可以是不确定的，但我们对于它的把握却是确定的，因此它实际上是“一个最高度确定的不确定者”，而那种认为它

① 马丁·海德格尔．形而上学导论［M］．熊伟，王庆节译．北京：商务印书馆，1996. 79～80

② 马丁·海德格尔．形而上学导论［M］．熊伟，王庆节译．北京：商务印书馆，1996. 81

③ 马丁·海德格尔．形而上学导论［M］．熊伟，王庆节译．北京：商务印书馆，1996. 81

④ 马丁·海德格尔．形而上学导论［M］．熊伟，王庆节译．北京：商务印书馆，1996. 80

虚空缥缈的观点显然“只是一种肤浅的讲法和一个错误”。[1]

以上内容实际上说明了“本质直观”何其广泛地存在于我们日常的认识活动之中：一切经验直观（感性直观、个体直观）都蕴藏着本质认识，同时也是本质直观（理性直观、范畴直观）。当然，现象学并不认为本质认识是天赋和神授的。相反，它相信任何本质直观都以经验直观为基础，都可以而且必须从经验直观中生发出来。如果说“本质的方法是使可能事物建立在实在事物基础上的一种现象学实证主义的方法”[2]（即通过对经验的实在事物的本质直观来获得其先验的观念本质），那么可以用“本质直观”来这样解释人对于某种事物的认识过程（或曰认识原理）：我们首先通过对该种事物的一个或若干个特殊实例的经验直观而形成一个关于该种事物的“艾多斯”的观念，然后再凭借这个在直观中获得的本质认识去对处于该种事物类属（范畴）之中的一切——可以是多至无限的——具体个物加以辨识和认知。

应该说，通过回答认识本身是什么，本质直观基本解决了认识如何可能的问题。而在胡塞尔看来，这种认识论上的根本突破又为本质直观奠定了方法论上的无可取代的重要地位。他坦言：“‘我们在反思的知觉中绝对被给予地具有诸思维，同时我们有意识地体验它们。’人们想这样开始；然后我们能够去直观在诸思维中和在诸思维的实在因素中个别化的一般之物，在直观抽象中把握一般性，并且把纯粹建立在这些一般性中的本质联系在直观联系的思维中构造为自身被给予的事态。这便是一切。”[3] 又说：“直接的‘看’，不仅仅是感觉上的、

---

① 马丁·海德格尔．形而上学导论［M］．熊伟，王庆节译．北京：商务印书馆，1996. 77 ~ 78

② Maurice Merleau-Ponty. *The Phenomenology of Perception.* transl. by C. Smith. Routledge, 1962, p. Ⅻ

③ 埃德蒙德·胡塞尔．现象学的观念［M］．倪梁康译．上海：上海译文出版社，1986. 54 ~ 55

经验上的看，而且是作为原初地呈现的任何种类的意识的普遍感觉的看，它是所有合理性断言的终极的合法性源泉。”[①] 可以认为，自胡塞尔从方法论上将现象学定义为一门“限制在纯粹直观中的本质研究”后，胡塞尔本人及其追随者无不坚信，建立在最严格的还原之上的本质直观乃是现象学的脊梁所在。也就是说，即便在进一步提出了“先验直观”（即“先验还原”）的情况下，胡塞尔也并未放弃本质直观；而随着其晚期的先验现象学思想日益遭到质疑，本质直观更成为了为整个现象学运动所普遍认可和接受的唯一方法。正如胡塞尔在被施皮格伯格称为“最接近于现象学的宣言”的《哲学与现象学研究年鉴》创刊号的前言中所声明的：“将各个编者联合在一起并且甚至在所有未来的合作者那里都应当成为前设的东西，不应是一个学院系统，而毋宁说是一个共同的信念：只有通过向直观的原本源泉以及在此源泉中汲取的本质洞察的回复，哲学的伟大传统才能根据概念和问题而得到运用，只有通过这一途径，概念才能得到直观的澄清，问题才能在直观的基础上得到新的提出，尔后也才能得到原则上的解决。”[②]

张祥龙指出：“‘本质直观’的方法，如果做深刻意义上的理解，基本上能代表胡塞尔的现象学观。”[③] 本书赞同这一说法。如果说现象学本质上是一种“方法”，那么，这种方法的最根本的含义就是“本质直观”。

---

① 维克多·维拉德－梅欧．胡塞尔［M］．杨富斌译．北京：中华书局，2002.76

② 倪梁康．现象学运动的基本意义——以此纪念现象学运动一百周年［A］．面对实事本身——现象学经典文选［C］．倪梁康编．北京：东方出版社，2000.6～7

③ 张祥龙．朝向事情本身——现象学导论七讲［M］．北京：团结出版社，2003.4

4　“媒介即讯息”：现象学方法在麦克卢汉传播学研究中的运用

本章通过解读以《理解媒介——论人的延伸》为代表的麦克卢汉著作，指出麦克卢汉的传播学研究主要遵循和运用了现象学的基本原则与方法，其最负盛名的“媒介即讯息”的论点宣示了可被直观把握到的媒介本质，表现了本质直观在有关媒介的认识领域中的成功运用，实际上是麦克卢汉对其关于媒介效应的自我意识体验加以现象学的描述和反思的必然结果。

4.1　回溯直观自明的媒介现象

4.1.1　最广义的媒介观

上文分别介绍了麦克卢汉早期的学术经历（这段经历或许对他日后成为一位“广义的现象学家”产生了影响，虽然不能就此作出定论，但毕竟暗示着某种可能性，因此值得了解）和现象学方法的基本内涵。接下来，我们就将进入本书的核心部分和关键环节：探讨麦克卢汉在其传播学研究中究竟是怎样与现象学方法发生联系的。

如前所述，20 世纪 50 年代初，《机器新娘——工业人的民俗》的出版尤其是福特基金会的传播学研究项目的获得，标志着麦克卢汉实现了他的学术转向——告别文学批评而

“开始卷入媒介研究的漩涡”。[①] 为了更好地推进课题组的有关研究，麦克卢汉和卡彭特于1953年发起成立了一个每周一次的研讨班，同时创办了一份名为《探索》的内部刊物。至50年代末，麦克卢汉在总共九期的《探索》上发表了《没有文字的文化》、《作为艺术形式的媒介》、《声觉空间》、《广播电视与ABCDE思维习惯》等多篇论文，并帮助莱格曼、威廉姆斯、提尔惠特、卡尔金等一批来自不同学科领域的媒介研究者成为该刊物的撰稿人。可以说，经过将近十年的磨炼和积累，此时的麦克卢汉在传播学研究上已颇有心得，其媒介思想也渐具面目，以至如马尔尚所指出的：“到1959年，许多东西如百川归海，汇聚成一股强劲的力量，意义重大，蓄势待发。”[②] 事实上，正是在这一年，麦克卢汉完成了《谷登堡星云——印刷人的诞生》的初稿。在这部书中，他对拼音文字与印刷术的社会文化影响作出了深刻分析，使自己媒介研究专家的形象得以完全树立。也正是在这一年，他接受全美广播电视教育工作者协会的委托，开始主持一个由国防教育法案提供资助、旨在使广大中学师生熟悉各种媒介的不同特性的研究项目：为11年级制定有关媒介的教学计划。1964年——即在多伦多大学创建“文化与技术研究中心”的次年，麦克卢汉经过多次补充和修订，出版了由四年前结束课题时所提交的《理解新媒介研究项目报告书》整理而成的一部专著：《理解媒介——论人的延伸》。

毫无疑问，《理解媒介——论人的延伸》作为麦克卢汉流布最广、影响最大的学术著作，充分展示了他本人以及整个多伦多学派在其传播学研究的成熟时期所达到的理论造诣。如果说“《机器新娘》在什么是媒介、媒介有何效应等问题上进行

① Daniel Czitrom. *Media and the American Mind: From Morse to McLuhan*. The University of North Carolina Press, 1982, p. 171

② Philip Marchand. *Marshall McLuhan: The Medium and the Messenger*. MIT Press, 1998, p. 146

了初步思考，而《谷登堡星云》则开始有意识地遵循通过启发全社会的媒介意识来帮助人们确认并理解塑造自己生活的主导力量的研究宗旨”，①那么可以认为，对于这些问题和这个宗旨的回答与践行，最终都是在《理解媒介——论人的延伸》中得以真正完成的。实际上，只要我们看一看它的目录，就不难发现这部著作所体现出的集麦克卢汉媒介学说之大成的特点：全书33章分为两大部分，上部7章总述若干条基本的媒介理论，下部26章则分论包括“口语词”、“书面词”、“道路”、“纸张”、“数字”、“服装”、“住宅”、“货币”、“时钟”、“印刷品”、“滑稽漫画”、“印刷词”、“轮子”、“自行车”、“飞机”、“照片”、“报纸”、“汽车”、“广告”、“游戏”、“电报”、“打字机”、“电话”、“唱机”、“电影”、“广播电台”、“电视”、“武器”、“自动化”等在内的近30种具体媒介。在这里，麦克卢汉显然对“媒介”概念作出了一种独特的理解，其眼中的“媒介”涵盖之广，已远远超出了人们通常谈论的“大众传媒”的范畴。

我们知道，“传播”在英文中所对应的“communication”一词的拉丁文词根“communis”意为“普遍”，而形成于拉丁文“communicare”和“communicationem”基础之上的动词“communicate”和名词“communication”的原意即是“使……普及于大众”与“使……普及于大众”这种行为。因此可以说，“传播”具有面向大众的最初含义，在其词源意义上尤指“大众传播”。基于这个原因，加之传播学自20世纪中叶诞生至今，大众传播一直都是最为人们所关注的传播类型，因此传播学多以研究大众传播为主，而媒介也就往往被理解为大众媒介。譬如，国内学者李彬有言：“简单地说，媒介就是传递大规模信息的载体，是通讯社、报纸、杂志、书籍、广播、电

① Marshall McLuhan. *The Gutenberg Galaxy*: *The Making of Typographic Man*. University of Toronto Press, 1962, p. Ⅳ

视、电影等的总称，一般又称大众媒介。……在非严格的意义上，媒介同传播媒介、大众传播媒介都可互相通用。”① 然而，学术研究终究不能“在非严格的意义上”进行。为了厘清媒介与大众媒介的关系，我们必须明确区分两种“媒介”概念：一种是狭义的“媒介”概念——即认为媒介等同于大众媒介；另一种是广义的“媒介”概念——即认为媒介包含大众媒介，而大众媒介只是媒介诸类型中的一种。事实上，美国传播学家施拉姆早在创立传播学之初就曾提出，大众媒介专指那些“中间插进了用以重复或传布信息符号的机器和有编辑人员的诸如报纸或电台之类的传播组织的传播渠道”，而“在大众传播媒介出现之前就已经有了传播媒介。我们必须把大众传播媒介出现之前就已经存在的能够表达意思的鼓声、烽火等都归于媒介一类，因为它们都扩大了人类进行交流的能力”。②

如果说从广义上讲，凡是“扩大了人类进行交流的能力”的东西都可以被称作媒介，那么在确认了媒介与大众媒介的属种关系的基础上，我们理应进一步弄清究竟哪些东西“扩大了人类进行交流的能力”，以对这个广义的“媒介”概念加以必要的界定。在本书看来，对于这个问题通常有以下两种不尽完善的回答：一种观点将媒介视为“技术”，如美国传播学家费斯克说：“媒介就是拓展传播渠道、扩大传播范围或提高传播速度的一项科技发展。”③ 由于“技术”在英文中所对应的“technology”一词的传统含义是与自然知识相联系的“实用技艺”（尤指科学的实际应用之物），故若将媒介定位于技术，则诸如语言、文字、音乐、绘画等大量非技术层面的东西都将被排除在“媒介”范畴之外；另一种观点将媒介视为“人造

---

① 李彬．传播学引论［M］．北京：新华出版社，2003. 181

② 威尔伯·施拉姆，威廉·波特．传播学概论［M］．陈亮，周立方，李启译．北京：新华出版社，1984. 121

③ 约翰·费斯克．关键概念：传播与文化研究辞典［M］．李彬译．北京：新华出版社，2004. 161

工具”，如国内学者张咏华说：“作为传播过程赖以实现的中介，媒介是由人所发明、创造、控制、运用的，为承载、传递信息服务的工具。”[①] 在这里，虽然语言、文字、音乐、绘画等非技术层面的东西作为“由人所发明、创造”的特殊工具都被纳入了“媒介”范畴，但所有非人造的而同样能被用作传播工具的东西却仍旧无法跻身于媒介的行列。实际上，考察“媒介”一词的来源，我们可以发现，英文中的“media”系由“medium”演变而来，后者与其拉丁文母词“medium”同形，原为“在……中间”之意。英国文化学家威廉斯认为，最迟从17世纪初开始，“medium”就已拥有了一种“普遍的意涵”——这种意涵“根据的是一个基本的哲学观念：一种感官（或一种思想）要去体验（或表现）必须有一个中间物”。[②] 据此说来，如果我们将“传播”定义为人类社会的信息传递与交流活动，那么所谓“媒介”，就是人们用以实施信息传递和交流的工具，是在传播活动中连接传受双方、居于信源与信宿之间的一切事物——无论它是技术性的还是非技术性的、人造的还是非人造的（其中当然不包括也存在于动物界而非人所特有的声音、表情、动作等以及不能被当作“事物”来看待的人本身）。

本书认为，与前两种相对狭隘的观点相比，“媒介”概念在上述定义中被界说到了最广。而这种最广义的媒介观，其实正是麦克卢汉所一贯持有的。具体说来，麦克卢汉首先没有将其“媒介”概念局限于“技术”——尽管在他那里，“以前作为技术来理解的东西，现在应当作为媒介来理解”，[③] 但还有许多不能“作为技术来理解的东西”也都被“作为媒介来理

① 张咏华．大众传播学［M］．上海：上海外语教育出版社，1992. 233

② Raymond Williams. *Keywords: A Vocabulary of Culture and Society*. HarperCollins Publishers Ltd, 1976, p. 203

③ 张法．麦克卢汉的媒介哲学与美学［A］．媒介哲学［C］．王岳川编．开封：河南大学出版社，2004. 5

解”了；其次也没有将其“媒介”概念局限于“人造工具”——尽管他出于方便论述的目的，只选取了某些作为人造工具的媒介来加以考察（如前所述，媒介可以源于人的发明创造，也可以来自人对自然界中本来就有的事物的利用。后者虽非人造，但也通过与人发生关系而成为“人化”的，如参与传播的一片树叶、一块石头、一只贝壳……这类东西如此之多，庞杂到几乎无从谈起），但这并不意味着他只认为人造工具才是媒介。事实上，在所拟定的《理解媒介——论人的延伸》这一书名中，麦克卢汉就已表明了他对“媒介”概念的一种基本理解：媒介是人体的延伸。言下之意，人造物也好、非人造物也罢，任何东西只要能够作为一种感官体验或思想表现的工具而使人体实现其延伸，它就是媒介。正如施拉姆所说：“在夏威夷登陆的第一批会传播的人之间发生的情况，是感官越来越远地延伸以掌握更多的信息、声音和姿势越来越远地延伸以发送更多的信息、使人的讯息始终比较便于携带并在时间和空间方面与人本身更可分的一个连续不断的过程。那样来看，马歇尔·麦克卢汉把媒介比喻为人体的延伸是正确的说法，尽管这个过程早在我们认识到媒介之前很久就已经在进行了。”①

以上内容是对麦克卢汉的“媒介”概念的阐释。本书认为，在开始具体探讨他如何考察媒介之前，我们有必要对这个问题加以梳理和澄清，因为从某种意义上讲，麦克卢汉全部的传播学研究就是建立在这样一种最广义的媒介观的基础之上的。

4.1.2　在自我意识体验中“理解媒介”

如果说麦克卢汉的至为广义的“媒介”概念已令人耳目

---

① 威尔伯·施拉姆，威廉·波特．传播学概论［M］．陈亮，周立方，李启译．北京：新华出版社，1984．6～7

一新，那么他对这些广义媒介的探究则更是别出心裁，无所依傍。在《谷登堡星云——印刷人的诞生》的前言中，麦克卢汉就曾援引其他学者的言论而为自己的传播学研究定下了一个方法论基调：“我们应该抛弃势利的习气，应该用一种崭新的眼光来审视传统。传统不应该被看成是对固化的主题和常规的惯性接受，而应该被当做是对已经传承的东西进行反省的有机的习惯。”[①] 其后，在《理解媒介——论人的延伸》的自序和《〈花花公子〉访谈录》中，他愈加明确地表示：“我以崭新的眼光重新考察人的延伸，几乎没有接受传统智慧中看待它们的任何观点。”[②] “我不死守任何一种理论——既不死守我自己的，也不死守别人的。”[③]

事实上，就传播学而言，这些作为“传统智慧”的观点和理论，主要是指在美国乃至整个西方世界都居于正统地位的实证学派的研究模式与成果。麦克卢汉对于它们的排斥，既表现了拒绝先入之见的实事性态度，更是对所谓“超越之物”（即那种外在的、非法的超越）的“悬搁”。胡塞尔认为，“存在”应该从两种意义上被理解：一种是实在意义上的作为事物的“存在”，另一种是现象学意义上的作为体验的“存在”。前者是实证科学的本体论对象，可以通过“射映”的方式而被认识；后者是哲学的本体论对象，只能借助“直观”而被内在地感知到。在将媒介置于传播学的考察视野中时，如果说传统的实证研究关注的是媒介效果的可度量的实在存在，那么，麦克卢汉则在他的研究中完全清除了这种超越了直接被给予性的诉求，而将目光投向了“内在之物”——即其自身关

① Marshall McLuhan. *The Gutenberg Galaxy*: *The Making of Typographic Man*. University of Toronto Press, 1962, p. Ⅶ

② 马歇尔·麦克卢汉．理解媒介——论人的延伸［M］．何道宽译．北京：商务印书馆，2000. 23

③ Eric McLuhan, Frank Zingrone. *Essential McLuhan*. Stoddart Publishing Co., 1995, p. 236

于媒介效应的纯粹意识的存在。于是，通过现象学的还原（狭义的），麦克卢汉使其媒介理论远离了各种各样的测算数据，而与数据测算相迥异的“直观”，则成为了他用以把握媒介现象的基本方式。下面，我们就来看看这种立足于直观的媒介研究具体是如何进行的。

麦克卢汉在谈到书面语及印刷品对口语的改造时指出：“也许印刷品的最重要特性并未引起我们的注意，因为它的存在非常之偶然、非常之一目了然。它只不过是一种图画似的表述，可以清楚而无限制地加以重复——至少在印刷品表面延展的范围之内。……印刷术诞生之后，活字印刷的原理所引进的手段可以用切分整体行动的办法使任何手工艺机械化。由字母表肇始的口头语言中的体态、视象和声音的分离，随后又达到新的强度——首先是由于雕版印刷的问世，其后是由于排版印刷的诞生。字母表将口语的视象成分作为最重要的成分保留在书面语之中，将口语中其他所有的感官成分转换为书面形态。这有助于说明，为何木刻——甚至连照片——在偏重文字的世界中受到非常热烈的欢迎。这些形式提供了一个包括姿势和富有戏剧性的体态在内的世界，这些东西在书面语中必然是略而不载的。”① 可以说，这段文字准确地勾勒出了三种媒介之间“感官成分”的异同：口语最全面地作用于人的各种感官，它既具有视觉因素，同时还能用轻重抑扬、缓急顿挫的声调与音节来刺激听觉，以致形成包括某些触觉或嗅觉通感在内的复杂而生动的知觉体验；相比之下，由字母表发展而来的书面语和作为其后继的印刷品则不断将视觉从这一整体有机的“知觉场”中剥离出来，从而以孤立的“视象”造就了一种机械分割的感知模式。在这里，麦克卢汉显然没有从自我明证性以外的层面出发来讨论问题——关于口语、书面语和印刷品的上述

① 马歇尔·麦克卢汉．理解媒介——论人的延伸［M］．何道宽译．北京：商务印书馆，2000. 204

观点，无不是他在将认识向度由超越还原为内在的基础上，通过回溯呈现于其作为这些媒介效应之体验者的思维直观中的纯粹意识现象而得到的。

同样，麦克卢汉在论及电话的特性时说道："许多人打电话时感到有一种'比比划划'的冲动。这一事实与电话这种媒介的下述特性有关：它要求我们的感官和官能参与其间。和收音机不同，它不能成为背景，因为电话提供一种很弱的听觉形象，我们借用全部感官去强化并补足这一形象。……为什么电话会造成一种强烈的寂寞感？为什么我们明知公用电话的响声与己无关时，仍然觉得有什么东西强制我们去接电话？为什么舞台上的电话一响就立刻造成观众的紧张情绪？以上所有问题，可以这样简单回答：电话是一种要求参与的形式，它要求一位同伴，它具有电力两极性的一切强度。它确实不像收音机那样具有背景工具的职能。"① 如果说前一段引文在表达上还稍显笼统，那么这段文字则对电话带给我们的感知经验——包括打电话时的"'比比划划'的冲动"、接电话时的"强烈的寂寞感"以及听到电话响起时的"紧张情绪"等等——作了较为细致的剖析，以说明这种要求高度参与的媒介无法像收音机那样，被用作一种能使人坦然处乎其间的"背景"。而对于收音机的特性，他得出的结论是："收音机直接地、面对面地影响着多数人，给人们提供一种作者或讲演者与听众不通过言语交流的世界。这就是收音机直接的一面。这是一种个人的体验。收音机的阈下深处饱和着部落号角和悠远鼓声那种响亮的回声。它是广播这种媒介的性质本身的特征，广播有力量将心灵和社会变成合二为一的共鸣箱。……它以人与人直接打交道的私下的亲切的形式出现在我们面前。然而它其实是一种具有魔力的、能扣动早已忘却的琴弦的、潜意识的共鸣箱，这才是

① 马歇尔·麦克卢汉．理解媒介——论人的延伸［M］．何道宽译．北京：商务印书馆，2000. 330

更紧要的事实。"[1] 此外，麦克卢汉也曾这样解读高保真唱机和电影："高保真唱机追求'逼真的音响'，这一探索很快与电视的形象融合起来，成为恢复触觉经验的努力中的一部分力量。因为乐器'就在室内，就在你的身边'演奏的感觉，使人在器乐中将听得见和摸得着的东西结合起来的努力前进了一步，这种结合在很大程度上是雕塑似的经验。置身乐师之中的经验，是从触觉和动觉中去感受他们接触和摆弄乐器的经验，而不仅仅是感受共鸣音的经验。由此可见，可以说高保真的音响决不是追求与其它感觉分离的、抽象的音响效果。"[2]"电影是老式的机械技术和新兴的电力世界最令人叹为观止的结合。拍摄马蹄腾空的镜头就具有象征意义：因为用一组照相机来记录动物的运动，就是以特殊的方式把机械的东西和有机的东西融合起来。在电影片上，机械的东西看上去是有机的东西，花朵的生长和马的奔跑一样能轻而易举地被表现出来。"[3] 事实上，翻开《理解媒介——论人的延伸》，此类论述可谓俯拾皆是，不胜枚举。在这里，对收音机的"亲切"共鸣、高保真唱机的"逼真"触感、电影的"有机"表现以及其他种种媒介的种种传播效应的一一把握，无不表明麦克卢汉全然是依据"一种体验，一种以范围极为广泛的各种具体活动和经验为基础的感觉和判断"[4] 来"理解媒介"的。

麦克卢汉曾说："我信奉观察，我只进行观察。"[5] 鉴于其

---

① 马歇尔·麦克卢汉．理解媒介——论人的延伸［M］．何道宽译．北京：商务印书馆，2000. 369，372

② 马歇尔·麦克卢汉．理解媒介——论人的延伸［M］．何道宽译．北京：商务印书馆，2000. 347

③ 马歇尔·麦克卢汉．理解媒介——论人的延伸［M］．何道宽译．北京：商务印书馆，2000. 350

④ Daniel Czitrom. *Media and the American Mind*: *From Morse to McLuhan*. The University of North Carolina Press, 1982, p. 170

⑤ Eric McLuhan, Frank Zingrone. *Essential McLuhan*. Stoddart Publishing Co., 1995, p. 237

学术实践中的上述表现，我们有理由相信，麦克卢汉的传播学研究的确严格遵循着直接直观的基本原则。而这种对于“纯粹的看”的坚决运用，正是海德格尔所认为的踏入现象学之路的第一步。

4.2 洞察原初先验的媒介本质

4.2.1 一段经典的现象学描述

如前所述，在《理解媒介——论人的延伸》中，麦克卢汉分别对近30种具体媒介进行了基于自我意识体验的阐释。而事实上，这种以被体验着的事物（这里是近30种具体媒介）向我们意识的呈现——亦即我们关于这些被体验着的事物的意识的自我呈现——为对象的阐释，在胡塞尔那里有一个专门名称：现象学的描述。

显然，作为与现象学的直观原则相适应的一种表述方式，现象学的描述从根本上与一般作为事实性的陈述和再现的描述方法相区别的特点在于，它拒绝承载任何有关外部世界存在的超越内容而将自己完全限定在直接被给予的内在证据之上，只依据绝对自明的意识现象说话，“非常执拗地努力查看现象，并且在思考现象时始终忠实于现象”。[①] 由于意识现象本身从来都具有某种作为“我思”的主观之物的模糊性（尽管它的存在是客观的），因此这种对于意识现象的描述，也注定不会像自然科学所谓的客观描述那样去追求精确。换句话说，它的任务不是“将某种确定的概念术语或相关数据加于任何一种流动的具体物上”，[②] 而是切实本分地说明在我们的意识世界

① 赫伯特·施皮格伯格．现象学运动［M］．王炳文，张金言译．北京：商务印书馆，1995.964

② 张廷国．重建经验世界——胡塞尔晚期思想研究［M］．武汉：华中科技大学出版社，2003.52

中呈现出来的现象之所是。正如梅洛－庞蒂所指出的：“纯描述的要求是既不采用实证分析的方法，也不采用科学解释的方法。……它仅仅试图直接描述我们的体验，不考虑体验的心理起源，不考虑科学家或社会学家可能给出的关于体验的因果解释。”①

既然现象学的描述只能在自我意识体验的直观中进行，那么，现象学的还原（狭义的）对于它的决定意义也就不言而喻了。归根结底，现象学的一切描述都必须建立在对所有超越的存在信念加以彻底“悬搁”的基础上——离开了这种悬搁，现象学的描述便无从谈起。不过这样一来，现象学的描述是不是就和现象学的还原没有区别了呢？事实当然并非如此。尽管在实际操作中，现象学的“还原”与“描述”是一个紧密结合的有机整体（本书仅仅出于方便说明的需要，姑且分而述之），但二者其实仍各有侧重。在胡塞尔看来，现象学的还原（狭义的）保障了一个严格的现象学研究领域，现象学的描述则可以充分自觉地维护此领域中的一切方面和因素的纯粹性并对之加以具体分析。或者说，前者起到过滤研究对象的消极作用，而后者起到使潜藏在所滤得的研究对象中的诸实事（现象学所谓的“实事”，指的是那些具有“最初的绝对被给予性”的直观自明的东西。它之所以对立于通常意义上的“事实”概念，乃是因为后者总是关于事物存在的某种超越的判断，而它恰恰对任何超越之物都无所指涉）显现出来的积极作用——即在被动地服从于各种现象的同时，它还能够主动地引导描述者不断广泛、深入地接触和思考这些现象，从而表现出“一种通过揭示出我们经验中迄今被忽略了的方面的方法丰富我们的经验世界的坚决努力”。②

---

① Maurice Merleau-Ponty. *The Phenomenology of Perception*. transl. by C. Smith. Routledge，1962，pp. Ⅲ－Ⅳ，p. Ⅰ

② 赫伯特·施皮格伯格．现象学运动［M］．王炳文，张金言译．北京：商务印书馆，1995. 964

谈到这里，我们大概能对《理解媒介——论人的延伸》的描述性特点有所认识了。事实上，如果说麦克卢汉习惯在以一种不同于传统线性逻辑的特殊方式来构思其著述的过程中，将各种见解琳琅满目地随意镶嵌在一起（他甚至建议读者不必按照章节顺序去读他的书，因为在他看来，即使重新安排各部分的位置，全书的总体“讯息”也不会有所损失），那么这种所谓的“马赛克”式的作品结构，其实正意味着《理解媒介——论人的延伸》中充满了形形色色的现象学描述——它在总体上就是由这些数量众多而彼此相对独立的现象学描述的片段以一种松散的方式构成的。这中间，除前文曾予引用的有关口语、书面语、印刷品、电话、收音机、高保真唱机、电影等具体媒介的“描述”外，当然还包括下面这段针对媒介整体的“描述”：

电影的诞生使我们超越了机械论，转入了发展和有机联系的世界。仅仅靠加快机械的速度，电影把我们带入了创新的外形和结构的世界。电影媒介的讯息，是从线形连接过渡到外形轮廓。……当电的速度进一步取代机械的电影序列时，结构和媒介的力的线条变得鲜明和清晰。我们又回到无所不包的整体形象。……在电影出现的时刻，立体派艺术出现了。……立体派用物体的各个侧面同时取代所谓的“视点”，或者说取代透视幻象的一个侧面。立体派不表现画布上的第三维这一专门的幻象，而是表现各种平面的相互作用，表现各种模式、光线、质感的矛盾或剧烈冲突。它使观画者身临其境，从而充分把握作品传达的讯息。……换言之，立体派在两维平面上画出客体的里、外、上、下、前、后等各个侧面。它放弃了透视的幻觉，偏好对整体的迅疾的感性知觉。它抓住迅疾的整体知觉，猛然宣告：媒介即是讯息。一旦序列让位于同步，人就进入了外形和结构的世界，这一点还不清楚吗？这一现象在物理学中发生过，正如在绘画、诗歌和信息传播中发生过一样，这一点难道不是显而易见吗？对专门片断的注意转移到了对整体场的注意。现在可以非常自然地说：媒介即是讯息。[1]

上述文字之所以会作为麦克卢汉现象学描述中最经典的一个段落而被特别提及，原因就在于它难能可贵地显示了现象学的描述并非仅仅与狭义的现象学还原相关——事实上，本质直观（即本质还原）也必然伴随着现象学的描述而进行；抑或反过来说，现象学的描述也完全可以服务于本质直观。前面已经谈过，现象学对于人的意识现象的考察，主要归结于意向性分析。而作为一种深刻说明意识特性的东西，“意向性”的概念使我们认识到：一切意识活动都是关于某物的意向性活动，它既可以指向个别对象，也可以指向一般对象（胡塞尔认为，正是意向性活动的这种能动性使本质直观成为可能）。因此，本质上进行意向性分析的现象学的描述所要“描述”的那个意向对象，亦便既可以是个别之物，也可以是一般之物。当然，在胡塞尔看来，现象学的描述更应着眼于后者，因为现象学本身“就是要最终揭示出隐含在意识的现实性中的潜在性，并由此而在意向对象方面对在意识中被意谓的东西和对象性的意义进行解释、阐明，也许还有澄清”。[2] 他也正是在这个意义上说：“就现象学而言，它的意图在于成为……一门描述性的本质科学。”[3] 这样讲来，如果说《理解媒介——论人的延伸》中的诸多现象学描述大都体现着关于个别媒介的经验直观，那么可以认为，围绕“媒介即讯息”而展开的这段现象学描述较前者都更为高明的地方，即在于它所体现的乃是针对媒介之一般的本质直观。而通过直观，麦克卢汉究竟把握到了

---

① 马歇尔·麦克卢汉．理解媒介——论人的延伸［M］．何道宽译．北京：商务印书馆，2000. 38 ~ 39

② 埃德蒙德·胡塞尔．笛卡尔式的沉思［M］．张廷国译．北京：中国城市出版社，2002. 63

③ 埃德蒙德·胡塞尔．纯粹现象学通论［M］．李幼蒸译．北京：商务印书馆，1995. 181

什么样的媒介本质呢？这是我们接下来需要讨论的问题。

4.2.2 “媒介即讯息”宣示了可被直观把握到的媒介本质

众所周知，麦克卢汉最负盛名的论点，就是他在《理解媒介——论人的延伸》中提出的“媒介即讯息”。虽然早在1958年的全美广播电视教育工作者协会年会上，麦克卢汉就曾作出了“媒介即讯息”的论断，但这一提法在当时的演讲中只是一带而过，并未得到充分展开，也没有引起人们的普遍关注。本书之所以认为是《理解媒介——论人的延伸》宣告了“媒介即讯息”思想的真正形成，盖因在这本书中，麦克卢汉不仅以大量篇幅来对这一思想予以专门阐述，并且还将其作为第一章的标题而置于全书之首。事实上，也正是在《理解媒介——论人的延伸》出版后，“媒介即讯息”才开始逐渐广泛地流传为了麦克卢汉的一句标志性格言。

一般认为，所谓“媒介即讯息”，无非是指媒介作为讯息的载体，其影响之大甚至超过它所传播的内容（需要顺便指出的是，分别与英文中的“message”和“information”相对应的“讯息”和“信息”是两个不同的概念。信息论的有关理论说明，信息是蕴含在讯息中的抽象量，讯息则是蕴含了信息的具体符号组合，信息必须经过编码才能被发送为讯息，而讯息也必须经过解码才能被还原为信息。这样看来，在传播过程中，信息总要以讯息的面目存在。换句话说，媒介所承载的都是携带着信息的讯息，而非某种不呈现为讯息的信息本身。既然媒介内容应被唤作“讯息”，那么，相应地使媒介形式也获得“讯息”之称以示对只将前者视为讯息的传统观念的反驳，便正能起到表明后者价值的作用。由此可见，麦克卢汉说“媒介即讯息”而不说“媒介即信息”是有其斟酌的——在这个表述中，“讯息”一词运用得当，不能被随意置换为“信息”）。譬如，英国文化学家史蒂文森和美国社会学家切特罗姆分别有言：“这句话的含义显而易见：媒介最重要的方面，不是加载于它的各种内容，而是它的传播形式。”[①] “正是媒介在其形式上的特性——它在多种多样的物质条件下一再重现——而不是任何特定的传播内容构成了媒介的历史行为的功效。”[②] 事实上，麦克卢汉本人也经常从这个意义上来解说“媒介即讯息”：“使社会受到更加深刻影响的，是人们借以交流的媒介的性质，而不是交流的内容。……由于媒介对人无所不在的影响，媒介本身成为了讯息，而不是其内容成为了讯息。”[③] 在他看来，无论机器生产的是玉米片还是卡迪拉克轿车，它都彻底改变了人际关系和社会面貌，正如火车与飞机各自创造了新的生活方式，但这与它们所运载的东西无关——总之，媒介内容相对于媒介形式而言，就像镌刻在原子弹弹壳上的文字一样无足轻重。

应该认为，上述讲法粗略地点明了“媒介即讯息”之被提出的最初根由，释义虽浅，也无什不妥。但问题在于，面对这样一句言简意赅的警语，我们是不是仅作如是观就足够了呢？回答当然是否定的。因为以本书之见，如果从现象学的角度来考察，“媒介即讯息”就不再只是对媒介形式本身的重要性的简单强调，而完全可以在更深刻的层面上获得理解。

显然，在这种更深刻层面上的理解中，“媒介即讯息”如前所述，是对媒介“本质”的精辟概括，实际上体现了麦克卢汉对于媒介“本质”的直观。为什么这样说呢？我们且回头看看上文所引录的那段经典的现象学描述。在这段描述中，麦克卢汉选取电影和立体派绘画这样两种媒介作为考察的对象，通过对二者在其自我意识体验中所产生的超越机械序列和

---

① Nick Stevenson. *Understanding Media Cultures*: *Social Theory and Mass Communication*. SAGE Publications, 1995, p. 117

② Daniel Czitrom. *Media and the American Mind*: *From Morse to McLuhan*. The University of North Carolina Press, 1982, p. 172

③ Eric McLuhan, Frank Zingrone. *Essential McLuhan*. Stoddart Publishing Co., 1995, pp. 237 – 238

三维透视之局限的“整体场”效应的描述分析，发现各种媒介都为我们提供了互不相同的感知经验，都为我们依次打开了通向新型感知领域的大门。事实难道不是如此吗？就拿包括电影和绘画在内的视觉媒介（严格说是以视觉为主导的媒介）来说，借用法国艺术学家西卡尔的话讲，诸如“清查性”的雕版印刷、“证据性”的摄影照片以及“虚构性”的超声波造影等任何一种“图像”（包括各类图画和影像），无不向我们传达着这样的“讯息”：“从达·芬奇的放大镜到‘探索者号’的精密仪器，从文艺复兴时代有着丰富的实物插图，但是读者有限的基础读本，到在卫星电视上通过大量传播图像所形成的视觉世界化，视觉机器管治着我们的视觉认知。它们给我们提供什么，我们就汲取什么。”①

然而在本书看来，另两种媒介——语言和计算机网络——似乎是更有说服力的典型例证。我们常说语言是“存在的家”，意谓作为一种最基本的媒介，语言对于人类经验和知识的形成发挥着至关重要的奠基作用。正如麦克卢汉援引德国教育学家洪堡的话所指出的：“人与客体的生活，主要是按照语言提供给他的形象来生活的。由于他的感觉和行动依赖感知，因此可以说，他完全是按照那样的形象来生活的。人从自己身上开发出了语言。凭借同样的过程，他又使自己落入陷阱。每一种语言都在它所属的人周围安置了一个定身的魔圈。这个魔圈使人无路可逃，除非跳出去而进入另一个魔圈。”② 这即是说，我们全部的生活图景归根结底都是由我们所习用的语言勾画出来的——离开了语言，我们也就从根本上丧失了生活本身。这样看来，麦克卢汉所谓“真正伟大的、持久不变的大众媒介不是别的什么东西，而是语言。语言既是一切媒介之中

① 莫尼克·西卡尔．视觉工厂［M］．杨元良译．长沙：湖南文艺出版社，2001.4

② Eric McLuhan, Frank Zingrone. *Essential McLuhan*. Stoddart Publishing Co., 1995, p.126

最通俗的媒介，也是人类迄今为止所能创造出来的最了不起的艺术杰作”① 的赞叹并非过誉。如果说语言是媒介史上的不朽经典，那么计算机网络则代表了媒介发展的最新成就。众所周知，计算机网络与传统媒介相迥异的特点，不仅在于它将信息传播的“量”与“质”的水平提升到了一个前所未有的全新高度，更在于它通过创造所谓的“赛博空间”（cyberspace——该词系由美国作家吉布森在其1984年出版的小说《精神漫游者》中所首创）而赋予了“虚拟实在”以可能性。一般认为，由于计算机网络拥有高仿真模拟、远程展示、实时交互等诸多强大功能，因此它所带给我们的那种虚拟而实在的奇妙感受，完全是我们在传统的媒介语境中无法想象的。美国文化学家海姆指出：“欲要了解‘虚拟实在’的含义，我们不妨首先设想一下这样的场景：当你玩一种情景游戏时，你得戴好数据成像的视听头盔，你会看到一个360度的全息景象。在这种情境中，不知什么地方潜伏着‘活’生生的敌人，千里之外的另一电脑终端上的其他游戏者也会把你看作是一个‘活’生生的人。他们会追杀你，而你必须根据瞬息万变的‘现场’情况及时作出反应——躲避、隐藏、伺机瞄准、扣动扳机，抢在他们消灭你之前消灭他们。你在这几分钟里所体验到的，就是虚拟实在。”② 由此可见，“虚拟”不等于虚假或虚无，虚拟的实在是与物理性的现实存在既有联系又有区别的另一种特殊形式的实在。作为计算机网络技术发展到一定程度的必然产物，这种特殊形式的实在的出现，显然有其毋庸置疑的逻辑合法性。正如法国社会学家柯依恩所说：“如果互联网允许我们塑造、模仿和重现实在，那么它当然也该允许我们改变

---

① Eric McLuhan, Frank Zingrone. *Essential McLuhan*. Stoddart Publishing Co., 1995, p. 283

② Michael Heim. *The Metaphysics of Virtual Reality*. Oxford University Press, 1993, p. 109

知觉领域，挑战旧的‘实在’观，并创造新的实在。”①

谈到这里，我们是不是领会到了“媒介即讯息”的真义呢？当然，我们手头还有很多类似的例子（事实上，有多少种媒介，就有多少个可供证明“媒介即讯息”的例子），但似乎不必一一列举了。因为，仅仅凭借对个别媒介的“本质直观”（前面说过，本质直观是在自由联想的作用下直接由经验直观转化而来的。因此现象学相信，原则上通过对经验之物的唯一的一次直观即可获得本质认识），麦克卢汉便已充分把握了人的“在世存在”的状态与方式，从而用“媒介即讯息”这句话“猛然宣告”：媒介构成了我们生存其间的知觉环境，它在本质上就是向我们呈现着的世界。

值得注意的是，为了更加清晰地表达他对媒介本质的这种理解，麦克卢汉曾说：“‘媒介即讯息’的意思是，每一种媒介都创造一种自然。……媒介是一种‘使事情所以然’的动因，而不是‘使人知其然’的动因。”② 显然，这里暗示出了一种对于媒介的全新看法：媒介不是沟通世界的桥梁，媒介就是世界本身；世界不是借由媒介来表现，世界就存在于媒介中；人不是透过媒介去认识世界，人就生活在媒介的世界里（相比之下，通常所谓“媒介对社会发展的深刻影响和对社会内容的准确表达是麦克卢汉‘媒介即讯息’的全部内涵”③ 的观点未免狭隘，因为它仍然局限在将媒介视为人们用以了解世界和世界用以展现自身的工具这一传统的认识层次上，而没有看到“媒介即讯息”的内涵其实有着如上所述的更大的丰富性）。也就是说，无论我们用什么样的媒介——譬如最普通的

---

① Richard Coyne. *Technoromanticism: Digital narrative, Holism and the Romance of the Real*. MIT Press, 1999, p. 106

② Eric McLuhan, Frank Zingrone. *Essential McLuhan*. Stoddart Publishing Co., 1995, p. 174

③ 屠忠俊，吴廷俊. 网络新闻传播导论［M］. 武汉：华中科技大学出版社，2002. 113

语言、文字甚或更初级、更原始的象形符号——来描绘世界，这个被描绘出来的世界，或者说这个存在于我们的语言、文字以及各种象形符号中的世界，对于我们来说便是一个完整的世界，便是世界的全部。简言之，世界一旦被任何一种媒介所表述，它即成为被这种媒介所表述的世界，此外别无另一个世界。

事实上，如前所述，现象学是一门研究“现象”的学问，它所关心的只是原初地呈现于我们的直观思维中的纯粹意识现象，而这种纯粹意识现象作为意识意向性活动的产物，本身是具有先验特征的。譬如上文反复提到的那个绝对的“红”以及类似的绝对的“圆”、绝对的“方”等等，显然都无法在现实世界里通过找到相应的例子来获得经验实证，但它们却完全可以并且实际上也的确存在于我们的意识之中。因此，现象学所理解的“世界”，归根结底不是一个作为实在事物而存在的事实世界，而是一个作为意识体验而存在的观念世界。正如梅洛-庞蒂所指出的：“问题在于阐明我们关于‘实在事物’的最初知识，描述作为永远是我们的真理观念基础的关于世界的知觉。因此，不应该问我们是否真正感知一个世界，而应该说：世界就是我们感知的东西。”① 从这个意义上讲，既然世界是“我们的一切想象和一切鲜明知觉的场”，② 那么正是作为我们的知觉环境而呈现出来的媒介世界，当然也就是世界本身。据此可以认为，麦克卢汉之所以在阐释媒介本质的时候将媒介世界视同世界本身，原因就在于他对“世界”概念作出了一种现象学意义上的理解。在这种理解中，所谓“世界”，乃是一个不具有经验实在性的纯粹观念化的先验世界——它作为媒介的普遍本质，虽然并非一种事实性的实在存在，但却是

① Maurice Merleau-Ponty. *The Phenomenology of Perception.* transl. by C. Smith. Routledge, 1962, p. XI

② Maurice Merleau-Ponty. *The Phenomenology of Perception.* transl. by C. Smith. Routledge, 1962, p. IV

通过那种被称为“现象”的意向性意识在其直观呈现中的原初给予而无时无处不为我们所切身感受和体验到的。这里尤须指出的是，正因为这个从我们的意识活动那里获得的世界完全是由纯粹意识的意向性作用所构造出来的，故它作为所谓的“意向对象”，必然是一个在我们的意识领域中不断生成着的世界。英国艺术学家温特沃斯曾经这样表述他对“颜料”的理解：“正如和工具一样，颜料是某种只有通过使用才成其为颜料的东西。换言之，颜料就是颜料。颜料的颜料性就在于这一点，在其存在中被作为颜料使用。”① 如果说颜料也是一种媒介，那么实际上，一切媒介的“媒介性”，无不是在其作为“媒介”而被体验的过程中时时处处向我们的思维意识所呈现出来的。从理论上看，这一动态的过程没有尽头。因此，媒介的世界——即那个被我们感知为世界本身的世界——也将永远处于无止境的构成之中，而不会终结为某种静固的定型。

进一步讲，温特沃斯之所以提出关于颜料的“颜料性”的上述观点，是因为在他看来，尽管颜料在传统哲学意义上可以被物质地概括为某种具有特殊成分的东西，但我们如果用简单的化学术语来解说它，就会忽略其真正的“存在”。事实上，现象学的“世界”观正是作为对自然科学的“世界”观的一种反动而出现的。如果说现象学一味凝神于“现象”的原因，在于它以与“我”无关为由，拒绝接受任何没有向“我”显现为现象的东西，那么它之所以宣称世界“不是一个预先自在的阐明”，② 而是一种主观意识中的构成，其实就是要在使世界摆脱客体主义束缚的同时，揭示世界的为“我”存在。而恰恰是在对于“主体”或者说对于“人”的强调这一点上，本书认为，现象学无疑是有着某种与马克思哲学相沟

① 尼吉尔·温特沃斯．绘画现象学［M］．董宏宇，王春辰译．南京：江苏美术出版社，2006. 36

② Maurice Merleau-Ponty. *The Phenomenology of Perception.* transl. by C. Smith. Routledge, 1962, p. Ⅻ

通的可能性的。尽管现象学与马克思主义之间的矛盾曾被匈牙利马克思主义理论家卢卡奇在《存在主义还是马克思主义》中加以大肆渲染，尽管二者如今仍然在不少问题上存在差异，但正如由瓦尔登费尔茨等人编撰的《现象学与马克思主义》所展示的那样，德国现代哲学的这两大标志性成果，实际上在“纲领和方法”、“实践哲学”、“社会哲学”、“认识论和科学理论”等诸多方面都不乏相似的特点——这里所要谈到的对于主体主义哲学立场的坚持便是其中之一。

我们知道，由于种种原因，马克思主义曾在相当长的时间内被解释为一种简单的唯物主义。在这种解释中，对与主体相分离的客观物质之“第一性”的确认是马克思主义的全部根基（当然，成熟时期的马克思出于阶级分析和资本主义批判的目的，力图在现实的历史进程中，从社会物质形态的意义上来定义“人”，也确实带有某种“见物不见人”的理论倾向。尽管这一理论倾向在马克思本人的哲学中只是初现端倪，但它却在苏东学派那里被不断强化，以致萨特指责马克思主义中存在一个“人学的空场”）。但事实上，通过考察展现于《1844年经济学—哲学手稿》、《关于费尔巴哈的提纲》等著作中的青年马克思的思想，我们可以发现，马克思哲学的真正出发点其实是“人”：当然不是抽象的人，而是具体社会交往中的、以其感性的物质力量参与社会实践的主体——即所谓“现实中的个人”。马克思曾对旧唯物主义作过这样的批评：“从前的一切唯物主义——包括费尔巴哈的唯物主义——的主要缺点是：对事物、现实、感性，只是从客体的或者直观的形式去理解，而不是把它们当作人的感性活动，当作实践去理解，不是从主观方面去理解。”① 这也就是说，旧唯物主义的肤浅之处，在于它在看待自然时没有考虑到“人”的因素。而实际上，

① 卡尔·马克思．关于费尔巴哈的提纲［A］．马克思恩格斯选集（第一卷）［C］．北京：人民出版社，1972. 16

一旦离开了人，那种完全客观的、异己的自然就不过是一个空洞无意义的“非存在物”罢了。正如马克思所指出的：“自然，抽象地就其自身并固定地与人脱离地理解，对人来说什么也不是。”① 可以说，正因为“非对象的存在物是一种根本不可能有的怪物”，② 故在马克思看来，“全部所谓世界史不外是人通过人的劳动的诞生，是自然界对人说来的生成”，③ 而从人的物质生产活动的角度来考察对象世界，即是其实践唯物主义的基本特征。

因此，坚持“实践”立场的马克思哲学显然和坚持“自我学”立场的现象学一样，都共同表现出一种试图将客观世界纳入主体维度中来加以思考的努力。从这个意义上看，胡塞尔的“意识意向性”理论与马克思的“人的本质力量对象化”理论是原则同构的——尽管前者始终在纯粹的现象领域中进行意向性构造，而后者则用社会生产实践取代了前者的意识分析，预示了一种“后胡塞尔哲学”的发展趋势。当然，必须说明的是，胡塞尔视世界为一个被构成于自我纯粹意识中的意向对象，并不意味着他要将世界虚无化。相反，他之所以如此，恰恰是希望通过对实证主义将世界科学化、客体化的做法的批判来澄清世界存在的意义，从而保证“整个世界，至少作为我们的体验，可重返我思，因我思而变得确实”。④ 如果说胡塞尔将物质的事实世界转化为人性的意义世界的最终目的，在于使人由屈从世界的状态中解放出来而重新获得对世界的主体地位，那么从根本上讲，麦克卢汉在其对直观把握到的

---

① 卡尔·马克思. 1844 年经济学—哲学手稿［M］. 北京：人民出版社，1979. 31

② 卡尔·马克思. 1844 年经济学—哲学手稿［M］. 北京：人民出版社，1979. 121

③ 卡尔·马克思. 1844 年经济学—哲学手稿［M］. 北京：人民出版社，1979. 84

④ Maurice Merleau-Ponty. *The Phenomenology of Perception.* transl. by C. Smith. Routledge, 1962, p. Ⅳ

媒介本质的现象学阐释中所要表明的，大概也正是这样一种对人与世界之关系的深刻理解吧。

4.2.3 以现象学反思祛除“那喀索斯综合症”

威廉斯曾经不无偏颇地指出，按照“媒介即讯息”这一说法来推论，媒介由谁控制或使用以及控制者、使用者试图插入什么内容，于传播效果似乎都是无关紧要的，因为人们尽可以忘却政治和文化上的辩论而让技术自行运作。但实际上，“媒介即讯息”的提出，并不意味着对媒介内容的价值和意义的抹杀。麦克卢汉说过：“我强调媒介是讯息，而不说内容是讯息，这不是说，内容没有扮演角色——那只是说，它扮演的是配角。”[①] 在他看来，媒介内容仅能触及人的意识层面的思想观念和意识形态，媒介形式则可塑造人的潜意识层面的思维习惯与感知模式——二者各有其功效，只是作用于不同的领域罢了。当然，前者产生的是具体的、特定的传播“效果”，而后者产生的是一般的、普遍的传播“效应”。因此相比之下，后者较前者对人有着更为深刻和根本的影响。这样看来，施拉姆对于“媒介即讯息”的攻击同样也是不得要领的。他说：“有必要指出，虽然麦克卢汉强调媒介本身的作用这一点是有益处的，但是研究人员仍然发现，在所传递的讯息内部的传播作用的变化同媒介内部的传播作用的变化相比要大得多。讯息是讯息，媒介是媒介，二者相互影响但并不相互排斥。比方说，谁能争辩说判断肯尼迪逝世消息的影响主要是看它是由电视、广播、报刊传播的还是由口头传播的；或者争辩说，关于肯尼迪的消息同有关家务的连续片所起的不同影响主要是因为

---

① Eric McLuhan, Frank Zingrone. *Essential McLuhan*. Stoddart Publishing Co., 1995, p. 247

人们是通过报刊得知那条消息而连续片则是通过电视看到的?”① 显然，这里所谈的全是传播效果，并非麦克卢汉所讲的传播效应。施拉姆之所以确信媒介内容的效用胜过媒介形式，是因为在他所着眼的某一特定的传播活动（譬如上述引文提到的关于肯尼迪遇刺的报道）中，媒介内容的具体效果可以得到充分展示，而普遍见诸传播活动之整体的媒介形式的一般效应则根本无法体现出来。由此可见，不少学者之所以会对“媒介即讯息”产生误解，乃是因为他们往往习惯于从微观角度来审视这一论点，而没有意识到它仅仅只能并且始终都是成立于宏观层面之上的。

相对而言，马尔尚对于“媒介即讯息”的理解是基本到位的。他曾举例说，要了解汽车的影响，就必须把它放到无数为汽车所改变的习惯中去看；要了解印刷品的影响，也必须设想世界各地千万册同一版本的《理想国》完完全全一个样子的情景。的确，汽车和印刷品的这种普遍传播效应完全是由它们作为一般的媒介形式而产生的，与其所承载的只能产生特定传播效果的具体的媒介内容毫不相干。事实上，麦克卢汉之所以认为“有关媒介内容的分析不可能揭示媒介效应的动力学”② 而探讨媒介形式的“终极影响”则构成了当前媒介研究最重要的理论课题，其原因就在这里。

然而有意思的是，对于媒介形式的这种“终极影响”，人们反倒容易忽视。据说，《理解媒介——论人的延伸》尚未出版时，该书的一位编辑就曾惊呼：这里有75%的材料都是新的！而之所以会出现这种情况，显然是由于书中围绕“媒介即讯息”展开的有关内容均为前人及同侪所未涉及——即如麦克卢汉所言：“在过去的3 500年里，西方世界的社会观察

① 威尔伯·施拉姆，威廉·波特. 传播学概论［M］. 陈亮，周立方，李启译. 北京：新华出版社，1984. 140

② Eric McLuhan, Frank Zingrone. *Essential McLuhan.* Stoddart Publishing Co., 1995, p. 181

家对媒介的影响始终都忽视了，无论是言语、文字、印刷术、摄影术、广播还是电视，都忽视了。即使到了今天的电子时代，也没有多少迹象表明，学者们会修正这种置之不理的鸵鸟政策的传统立场。”① 那么，究竟是什么原因导致媒介形式一直未能得到应有的重视呢？麦克卢汉对此问题的一个著名回答是：“媒介的‘内容’好比是一片滋味鲜美的肉，破门而入的窃贼用它来涣散思想看门狗的注意力。”② 这也就是说，人们是在抗拒不了媒介内容的“诱惑”的情况下而对媒介形式的“闯入”无所警惕的。本书认为，虽然这一喻释十分精妙，但它只说明了问题的一个方面，却没有考虑到问题的另一个或许是更重要的方面在于，这个窃贼本身一定要有很好的隐蔽技巧——否则，无论那片用作诱饵的肉的滋味如何鲜美，身形蠢笨、步法沉重的他仍将无法避开看门狗的注意。同样，尽管媒介内容引人注目，但如果媒介形式不是随时随地都处于藏匿状态之中，人们也不至于会对它全然视而不见。麦克卢汉指出：“因为一切媒介都是人的延伸，它们对人产生了深刻而持久的影响。这样的延伸是器官、感官或曰功能的强化和放大。无论什么时候发生这样的延伸，中枢神经系统似乎都要在受到影响的区域实行自我保护的麻痹机制，把它隔绝起来，使它麻醉，使它不知道正在发生的东西。”③ 简言之，当人们与媒介发生接触时，都会患上所谓的“那喀索斯综合症”（Narcissus——希腊神话中迷恋自己水中倒影的少年，其词源“narcosis”系“自我催眠”之意），而“凭借这种综合症，人们把媒介的心理和社会影响维持在无意识的水平，就像鱼对水的存在浑然不

---

① Eric McLuhan, Frank Zingrone, *Essential McLuhan*. Stoddart Publishing Co., 1995, pp. 236 – 237

② 马歇尔·麦克卢汉．理解媒介——论人的延伸［M］．何道宽译．北京：商务印书馆，2000. 46

③ Eric McLuhan, Frank Zingrone. *Essential McLuhan*. Stoddart Publishing Co., 1995, p. 237

觉一样”。[①] 的确，水之于鱼——正如媒介之于我们——是一种环境（上文已对这一点作过充分论述）。如果说一切环境都是潜意识性的，那么媒介环境之所以难以被察觉的原因，也就在于它渗透了我们的“注意场”，从而以其巨大的潜意识影响令长期浸淫其中的人们变得麻木了。基于这一认识，麦克卢汉曾这样介绍他在多伦多大学所开设的“媒介与社会”课程的教学目的：“本课程把媒介作为人造环境来考察。……这种能动的环境形塑着使用者的知觉，具有神秘形式的无所不包的属性，成为一切活动的隐匿的运作背景。本课程旨在训练学生的感知，使之能够对上述情况有所发现。”[②]

前面反复说过，现象学方法的基本要点在于从“超越”还原为“内在”。事实上，胡塞尔强调现象学坚持一种特殊的思维方向，正是要求认识者通过对其认识过程的自身沉思而将目光从直向可把握的对象性转溯到本己的体验之上，由此对以往思考过的东西加以“回问”。如果按照法国哲学家德里达的讲法，所谓“回问”，乃是思维中的一种具有“去蔽”作用的“反向因素”，那么显然，在阐发媒介本身的“讯息”含义这一点上，麦克卢汉的确表现出了实现自我意识体验的“课题化”（胡塞尔的“课题”概念，是指自我对其对象的“清醒地意识到”）而对之加以现象学反思的高度自觉——以一种“反思着的自我成为了它的纯粹意识生活的旁观者”[③] 的超脱姿态，他在现象学的描述分析中深入到潜意识的底层进行打捞，使被掩盖于传统知识里的某些“实事”得以澄明地显现出来，从而直观地获取了关于媒介本质的深刻洞见。德国哲学家施密茨曾说：“现象学家试图揭示性地和理解性地去接近无意识的

---

① Eric McLuhan, Frank Zingrone. *Essential McLuhan.* Stoddart Publishing Co., 1995, p. 237

② Philip Marchand. *Marshall McLuhan: The Medium and the Messenger.* MIT Press, 1998, p. 171

③ 倪梁康. 胡塞尔现象学概念通释［M］. 北京：三联书店，1999. 525

生活体验，从自己的信念中，从许多人甚至所有人的共同信念中剖析出尚未把握的东西。”① 可以说，“媒介即讯息”的提出，表明麦克卢汉通过运用现象学的基本方法，已然在有关媒介的认识领域内达到了这一目的。

法国哲学家索莫认为，现象学具有一种启蒙哲学的特征，它探讨那些无人注意的偏见和貌似的生活自明性，因此通过现象学的考察，许多不言而喻的东西都将变成可疑的。这样看来，麦克卢汉对于传统媒介理论的颠覆，之所以能够导致媒介研究的一次重大转向而对整个传播学理论的发展都具有某种“启蒙”意义，显然正有赖于现象学方法对其传播学研究的必要支撑。因此，如果说作为对麦克卢汉加以严肃学术探讨的一种尝试，本书最主要的目的在于尽可能地将麦克卢汉的传播学研究方法从“神话学的迷雾”② 中拯救出来以还其本来面目，那么可以确信，这个本来面目之当前已然显现的部分就是“现象学”。这里需要澄清的是，本书对于麦克卢汉的传播学研究与现象学方法之间的关系的论证，基本上是围绕着“媒介即讯息”来展开的。在此，既然我们只想说明麦克卢汉的传播学研究与现象学方法之间存在联系，而无意面面俱到地将麦克卢汉的传播学研究方法统统解释为现象学方法，故对本书来说，“媒介即讯息”身为“孤证”是否显得单薄也就无所谓了。因为只要能把“媒介即讯息”阐释清楚，便足以证明麦克卢汉至少在这一点上是运用了现象学方法的；而由于“媒介即讯息”作为一个典型的现象学命题，乃是麦克卢汉全部媒介学说中最具代表性的核心论点，因此还可进一步断言：麦克卢汉运用现象学方法来从事传播学研究取得了关键性的重大成果——尽管他并不一定仅仅运用了现象学方法（他或许也

---

① 赫尔曼·施密茨．新现象学［M］．庞学铨，李张林译．上海：上海译文出版社，1997.11

② Daniel Czitrom. *Media and the American Mind*: *From Morse to McLuhan*. The University of North Carolina Press, 1982, p.165

运用了除现象学方法以外的其他方法，而那不是本书所要关心的问题)，但现象学方法在其用于传播学研究的各种可能的方法中占有一个至关重要的地位却是肯定无疑的。事实上，也正是基于这些理由，本书相信，即便在并未完全、彻底地解决有关问题的情况下，以上论述仍然会对我们认识和理解麦克卢汉独特的传播学研究方法有所助益。

5 比较：现象学方法对传播学研究的传统方法的超越

本章在将实证方法和批判方法这两大传播学研究的传统方法归结为经验的归纳方法和思辨的演绎方法的基础上，通过比较，指出现象学方法由于解决了传统的经验论和唯理论哲学所无法解决的“个别”与“一般”、“现象”与“本质”的关系问题，故能凭借批判前两种方法的“经验一般化”和“总体性”特点而在某种意义上实现了对它们的超越。

5.1 现象学拒斥实证方法的缘由

5.1.1 麦克卢汉眼中的实证方法

通过阅读其传记，我们可以发现，麦克卢汉对于实证方法的抵触由来已久。早在就读于曼尼托巴大学期间，麦克卢汉就经常与一位名叫伊斯特布鲁克的同学争论不休，因为后者坚持实证主义的立场，随时要求为一切观点提供事实依据。而在剑桥大学的求学岁月中，由于受到系统的文学训练，他更越来越强烈地感觉到世界有着无穷的魅力，其发人深思之处绝不容许用简单的科学方法去理解。转向传播学研究后，麦克卢汉依然固守这一态度。在完成福特基金会的传播学研究项目的过程中，他与卡彭特坚持将媒介视为感知聚焦的工具而对从信息工程的角度来看待传播问题的惯常做法表示排斥，不可避免地导致了课题组内部严重的思想分歧——以威廉姆斯为代表的一些电信专家指责他们漫想无边、不求实证；而面对同事的非议，麦克卢汉依旧我行我素、自说自话。很明显，麦克卢汉之所以难以和威廉姆斯等人建立起真正的合作关系，原因就在于他本人乃是一个不折不扣的人文学者。他说过：“这些媒介在某种程度上是我们人自身的一种延伸，我对它们的兴趣，完全是人文主义的。”①

事实上，在麦克卢汉看来，传播学作为一门与“人”相关的科学（传播学的学科归属历来是一个颇有争议的问题。在美国，传播学属于社会科学；而在欧洲，它多被划归人文学科——譬如，英国就把包括传播学在内的一切对人类的思想观念和道德情感有所影响的学科统称为“人文艺术科学”。不过可以肯定的是，无论传播学的学科归属如何，考察“传播”这一人类最基本、最普遍的行为，在某种意义上就是考察“人”本身，必然涉及人的情感、欲望、习俗、信仰、道德、志趣等等复杂的人文因素。事实上，切特罗姆之所以断言“传播学作为一种统一的社会科学，它的发展前景要比它的开拓者所最初展望的局限得多”，就是因为在他看来，“尽管运用了现代媒介的先进技术，传播活动本身仍然保留了人类的原始特性——敏感、无穷的差异、变化不定的多重含义，从而顽强地抗拒着物理科学的规律”②），不应被实证研究所统治，因为现实生活的复杂性决定了我们无法用实证方法来从根本上求得对它的精确表述——即便是自然科学如今也历史性地遭遇了“模糊理论”和“混沌理论”，而传播学所要研究的媒介对人的影响当然更不可能被加以量化测度。可以说，正是基于这样一种认识，麦克卢汉一贯以批判的眼光来看待实证的传播学研究。他曾在一篇题为《请教麦迪逊的广告商：受众调查适合媒介研究吗》的文章中嘲笑所谓的“马桶冲洗统计法”，认为

---

① Gerd Stearn. *McLuhan: Hot & Cool.* Penguin, 1968, p. 329

② Daniel Czitrom. *Media and the American Mind: From Morse to McLuhan.* The University of North Carolina Press, 1982, p. 145

其根据受众收听广播或收看电视时的如厕次数来估算某一节目的受欢迎程度的做法荒谬透顶。他也曾这样批评施拉姆的《电视对儿童生活的影响》："施拉姆的测试偏重电视的'内容'、收看时间和词汇频率。总之，他研究电视的方法用的是研究文献的方法，尽管他并未意识到。因此他不可能提出任何报告。即使倒回到公元1500年，用这样的方法去研究印刷书籍对儿童或成人生活的影响，他也不可能发现印刷术给个人心理和社会心理带来的变化。……程序分析和'内容'分析在弄清这些媒介的魔力或潜在威力方面，都不可能提供任何线索。"① 如果说揭示媒介形式的普遍而深刻影响的研究目标，显然不是通过对媒介内容作一点浮光掠影的量化处理所能实现的，那么在麦克卢汉眼里，施拉姆的测试分析尽管看似言之凿凿、有根有据，却终究不过是一套在冠冕堂皇的外表下回避了实质性问题的骗人把戏而已。

施拉姆曾以所谓"要想用经验材料来验证他的观点几乎是不可能的"② 这样一条简单的理由就把麦克卢汉给轻易地否定掉了。他不能理解，麦克卢汉的卓越之处，其实正在于他可以看到许多为"经验材料"所掩盖的东西，从而告诉我们如何去把握那些不可"用经验材料来验证"的事物——而这一点，恰恰是我们运用实证方法来进行传播学研究所无法做到的。

5.1.2 实证方法的"经验一般化"困境

实证方法系美国传播学研究的基本方法，并因传播学最初诞生于美国而在世界范围内成为传播学研究的主流方法。一般

① Eric McLuhan, Frank Zingrone. *Essential McLuhan.* Stoddart Publishing Co., 1995, p. 160

② 威尔伯·施拉姆，威廉·波特. 传播学概论［M］. 陈亮，周立方，李启译. 北京：新华出版社，1984. 140

认为，在沿袭了社会科学的学术传统（美国传播学研究脱胎于自20世纪初叶就已开始流行的政治学、社会学和心理学等社会科学研究，因此将“传播”视为与人类的政治行为、社会行为和心理行为相类似的一种基本行为，与移植了自然科学研究模式的社会科学诸学科有着“行为主义”的血缘关系）并受到利益集团的现实推动（美国传播学研究从一开始就得到了来自企业、社团和政府的多方资助，因此带有显著的商业色彩和保守倾向，强调通过研究传播效果来使社会大众的认知和行为为“传播”所改变，以实现自身作为一种“行政主义”工具而服务于现实的应用价值）的背景下，20世纪40年代初，被后人誉为传播学“四大先驱”的拉斯韦尔、拉扎斯菲尔德、勒温和霍夫兰（鉴于当时“传播学”作为一门独立的学科尚未形成，我们只能视此四人为早于“创始人”施拉姆而在传播学领域中开展拓荒工作的“先驱”）分别以政治学家（拉斯韦尔1926年获芝加哥大学政治学博士学位，曾任芝加哥大学和耶鲁大学政治学系教授）、社会学家（拉扎斯菲尔德1925年获维也纳大学应用数学博士学位，曾任哥伦比亚大学社会学系教授和系主任）和心理学家（勒温1914年获弗里德里克—威廉大学心理学博士学位，曾任柏林大学和麻省理工学院心理学系教授；霍夫兰1936年获耶鲁大学心理学博士学位，曾任耶鲁大学心理学系教授和系主任）的身份在其涉及“传播”问题的宣传研究（1940年，时任美国国会图书馆战时传播研究部主任的拉斯韦尔在洛克菲勒基金会的资助下，对各交战国体现于其出版物中的攻心策略进行研究，最终完成《世界大战中的宣传技巧》并提出传播的“5W”要素）、民意研究（1940年，时任哥伦比亚大学应用社会研究局主任的拉扎斯菲尔德在洛克菲勒基金会的资助下，对参与到当年美国总统大选活动中的大众媒介、舆论领袖和普通民众之间的互动关系进行研究，最终完成《人民的选择》并提出“两级传播”模式）和劝服研究（1941年，时任依阿华儿童福利研究所主任的勒温在美国食品习惯协会的资助下，对左右家庭主妇看待胰脏食品之态度的人际环境进行研究，最终完成《群体动力与个体行为》并提出传播过程中的“把关人”概念；1942 年，时任耶鲁大学人类关系研究室主任的霍夫兰在美国陆军部信息与教育局的资助下，对军训系列片《我们为何而战》的信源可信度进行研究，最终完成《大众传播实验》并提出影响传播效果的“一面理”和“两面理”假说）中创立了内容分析法、实地调查法和控制实验法，由此通过建构一批早期的经典理论模型而为传播学的实证研究奠定了方法论基础。

事实上，这种方法论基础在拉扎斯菲尔德看来，即是诸如“内容分析”、“实地调查”和“控制实验”等具体方法都必须遵循的所谓“社会研究的四条法则”：首先，“任何现象都应该既以反省报告来测度，又以客观观察来测度”；其次，“案例研究应该与统计信息结合起来”；再次，“资料收集应该与有关被研究的问题的历史信息结合起来”；最后，“来自不引人注目的测量方法的资料应该与问卷和其它自我报道的资料结合起来”。[①] 显然，这里提到的四点无一不表现出对于“定量”的强调。众所周知，自古希腊的毕达哥拉斯起，数学就被认为是一种用以解释世界的完美形式（意大利物理学家伽利略曾宣称，“自然”这本大书完全是用数学符号写成的。这一观点后来也为美国物理学家爱因斯坦所继承。他说：“近代物理学的书写语言就是数学。德国天文学家开普勒用代数方程总结出了行星运动三定律，意大利物理学家伽利略以几何学方法论证落体运动定律。当一些新的物理理论出现时，都能够找到数学工具，或创造新的数学工具来为之服务，因为数学是对数与形简捷的概括和优美的表达方式。通过几何命题的物理学含义，赋予它们物理的意义，从而可以通过数学的语言来描述

① 埃弗里特·罗杰斯．传播学史——一种传记式的方法［M］．殷晓蓉译．上海：上海译文出版社，2002. 299～300

我们生存在其中的这个世界，乃至整个的宇宙空间。”[①])。近代以后，随着突破了初等数学之局限的新的数学手段——譬如笛卡尔的分析几何和莱布尼兹的微积分等——的不断发明，数学更被广泛应用于各种领域的科学研究。由于数学的参与，包括物理学、化学、天文学、地理学、生物学等在内的各门自然科学以及在它们的影响下发展起来的一批社会科学（除上文已经提到的政治学、社会学、心理学外，还包括经济学和人类学——它们通常被认为是社会科学中最具基础性地位的“五大学科”），都分别形成了一套与各自学科特点相适应的周密的研究程序，从而能以一丝不苟的定量方式来对其研究对象加以细致的剖析。法国社会学家迪尔凯姆之所以强调社会研究“必须着眼于那些有规则地构成的、相互有联系的、前后连续的变量”，就是因为它们“是可以被比较的、被系统地加以整理的，是可以根据数学原则被计算的”。[②] 同样，德国社会学家韦伯也将社会科学所希冀的“明确”理解为合乎数学规律，认为“由科学及由科学所指导的技术所造成的理智主义者的理性化的实际意思”，即是“指原则上没有任何神秘的不可计算的力量在起作用，而人们原则上能够通过计算掌握所有的事物”。[③] 在这个意义上，他提出像自然科学那样从事实证研究的社会科学，也应获得“精确科学”的称号。

如果说“精确性”是实证方法最为明显的特征，那么现象学对于实证方法的拒斥，首先就表现在对其精确性的批判上。胡塞尔指出，自然科学——即所谓的“精确的理想科学”——的“精确性”，意味着它要从事“经验的测量，这种

---

① 阿尔伯特·爱因斯坦．相对论［M］．周学政，徐有智编译．北京：北京出版社，2007.4～5

② 埃米尔·迪尔凯姆．社会学方法的规则［M］．胡伟译．北京：华夏出版社，1999.111

③ 马克斯·韦伯．社会科学方法论［M］．杨富斌译．北京：华夏出版社，1999.12，13

测量是在不断提高准确率的情况下进行的，并且是在一个事先已通过理想化的构造而得以客体化的理想性世界的指导下进行的，或者说，一个可以归属于各个量度标准的特殊理想构成物的世界”，[1] 但由于上述方法只对“物体世界”有效，它因此不能用来研究涉及“人”的问题；与此相对立，以“人”本身为考察对象的“精神科学”的方法特征在于“严格性”——即要求采取与其课题（人的意识现象）严格相符的阐释方式（现象学的“直观”和“描述”），而这种方式当然不可能是“精确”的。据此看来，尽管精确性的缺乏，是麦克卢汉长期为实证学者所诟病的根由，但这一点不仅无损于他用以探索人的媒介感知的方法的有效性，并且反倒令其传播学研究得以摆脱传统社会科学理想化地追求精确性的主观倾向而以真正“客观”的态度维护了精神科学的“严格性”（虽然传播学并不一定等同于所谓的“精神科学”，但如前所述，它至少在相当程度上是具有“精神科学”的人文属性的），从而能够“形成一种比通常所理解的更加坚实和稳固的媒介理论”。[2] 如果说在这里，实证科学意义上的“不坚实”和“不稳固”，恰恰成为了现象学意义上的“坚实”和“稳固”，那么诚如海德格尔所言：“‘精神科学’为了严格，必须是不精确的。这不是它的缺陷，而是它的特长。”[3]

谈到这里，我们不禁要问：实证方法究竟为什么要一味地强调“精确”呢？施密茨对此问题的回答是：“实证主义要求把真实的事物归结为微小的、不变的物体（原子）及其运动空间，把我们感觉到的其他一切，作为纯粹感情的主观游戏归入个别灵魂的私人事件。这样，一条虽极其片面，却相当可靠的能使人绝处逢生的通向世界的通道被打开了。突出固定的物

① 倪梁康．胡塞尔现象学概念通释［M］．北京：三联书店，1999. 158

② Daniel Czitrom. *Media and the American Mind*: *From Morse to McLuhan*. The University of North Carolina Press, 1982, p. 148

③ 倪梁康．胡塞尔现象学概念通释［M］．北京：三联书店，1999. 158

体，导致人们为了在经验的问题上达成主体际的一致性，而去发现可能是人类所特有的一条道路，即去发现中心视界中物体的计量。”① 这也就是说，实证方法热衷于精确性的背后，其实隐藏着一个追求认识最简化的深刻动机。我们知道，古希腊时期的光学研究早已证明，光通过镜面反射所行经的路线，是所有可能的路线中最短的一条。这项发现使得人们相信，自然界必定以最便捷的途径来行动而不会去做任何不必要的工作。为了与自然界的这种特性相适应，英国哲学家奥卡姆提出：“切勿浪费较多的东西去做用较少的东西同样可以做好的事情。”② 在这一“思维经济原则”的指导下，自中世纪以来，挥舞着“奥卡姆剃刀”的实证主义者们，无不主张用最简单的方式来解释事物而对其除基本共性以外的一切不确定的庞杂因素予以彻底裁剔。正如德国哲学家施利克所指出的：“我们把概念信号压缩到最低限度，遵循的是真实规律，这是构成其固有本性的东西，也体现了宇宙所包容着的若干‘同一性’。依据这些‘同一性’，我们就可以清晰地描绘我们这个呈现形形色色侧面的世界。”③

显然，“思维经济原则”所要求的，乃是一种对研究对象加以高度抽象的经验归纳。实际上，在法国哲学家孔德所概括的人类知识发展进程的三大阶段中，作为神学和形而上学的对立面，实证科学的“实证”概念通常被解释为：“依据事实，依据经验，依据后验概念的，与依据先验概念的相反。”④ 而所谓“实证主义”，也无非是一种坚持“意义的经验主义标

---

① 赫尔曼·施密茨．哲学中的现象学方法［A］．庞学铨译．面对实事本身——现象学经典文选［C］．倪梁康编．北京：东方出版社，2000. 870～871

② 赵敦华．西方哲学简史［M］．北京：北京大学出版社，2001. 157

③ 昂惹勒·克勒默－马里埃蒂．实证主义［M］．管震湖译．北京：商务印书馆，2001. 126

④ 昂惹勒·克勒默－马里埃蒂．实证主义［M］．管震湖译．北京：商务印书馆，2001. 4

准”——即如奥地利哲学家马赫所强调的，只有经过经验事实检验的命题才具有存在的价值——的哲学立场。同时，由于事实终究不是系统的知识，故实证科学既要以理论的形态出现，则必须通过归纳而使具体经验抽象化：“大家认为并假定，所有科学的学说是通过从特定的观察事实中收集一般真理的共同过程而获得的，这个过程称之为归纳。大家进而假定，在这些以及其他知识领域内，只要这种过程恰当地合理地进行，其结果将是获得真正有重大价值的真理。”[①] 因此，如果说“经验性”是实证方法的本质特征（前面谈到的“精确性”虽是实证方法的一个重要特征，但并非其本质特征），那么实证方法归根结底，就是一种经验的归纳方法。

然而众所周知，英国哲学家休谟的“归纳责难”早已明确指出，经验总是有限的，我们不可能从事实的偶然性中真正归纳出规律的必然性，故为实证研究所发现的所谓科学的“一般真理”，作为具体时空条件下的特定存在，无不有其适用范围，并非放诸四海而皆准。譬如，“太阳每天升起”的经验，看似绝无例外，但在南北两极却是不存在的；又如，英国物理学家牛顿的经典力学也只对日常的“中观”世界有效，而不能用来解释微观的粒子世界和宏观的宇宙世界的问题（德国物理学家海森堡和奥地利物理学家薛定谔的“量子力学”与爱因斯坦的“相对论”因此是对牛顿力学的必要补充。正如爱因斯坦所言：“经典力学的这些理论在实践中是可以给我们以某种程度的确定性的。它的确定性在于，在低速运动的世界里，经典力学可以非常准确地描述我们看到的一切，而且这种准确性是相当高的。但是如果我告诉你说，这个理论在另外一些情况下是不可能那么准确的，你相信吗？你肯定不会相信，但事实就是事实。……经典力学的基本定律是牛顿运动定

---

① 刘大椿．科学活动论·互补方法论［M］．桂林：广西师范大学出版社，2002. 339

律或与牛顿定律有关且等价的其他力学原理，它是20世纪以前的力学，有两个基本假定：其一是假定时间和空间是绝对的，长度和时间间隔的测量与观测者的运动无关，物质间相互作用的传递是瞬时到达的；其二是一切可观测的物理量在原则上可以无限精确地加以测定。20世纪以来，由于物理学的发展，经典力学的局限性暴露出来。如第一个假定，实际上只适用于与光速相比低速运动的情况。在高速运动情况下，时间和长度不能再被认为与观测者的运动无关。第二个假定只适用于普通物体。在极微观和极宏观的系统中，所有物理量在原则上不可能同时被精确测定。因此，经典力学的定律一般只是普通物体低速运动时的近似定律。"①)。

基于以上认识，胡塞尔特别强调实证方法的“经验一般化”困境，并通过比较“经验一般化”与“本质直观”的区别而更深刻地揭示出前者的弊端。他仍然以“红”为例说，如果我们通过一次或若干次经验，从这个红和那个红那里归纳出一个一般的红，那么这个一般的红之所以能够被归纳出来，是因为它本就存在于这个红和那个红之中，于是它也便只是这个红和那个红的一般之物。当然，我们还可以继续让第三个红或更多的红参与归纳，但由于我们毕竟无法穷尽世上一切红的事物，因此我们始终只会得到与经验范围相关的“同一性”，而不可能获取作为“艾多斯”的纯粹的红的一般。事实上，如前所述，现象学所探求的“艾多斯”，乃是一种先验的观念本质。由于它并不具有实在性，根本不存在于任何具体的个物之中，因此它只能在本质直观中被直接给予，而即便再多的经验累积也无法使之呈现出来——为什么传播学的实证研究成果所反映的都不过是些只具一时一地之有效性的“片面的真理”、“局部的真实”（譬如，拉扎斯菲尔德那项久负盛名的关

① 阿尔伯特·爱因斯坦．相对论［M］．周学政，徐有智编译．北京：北京出版社，2007. 12～13

于1940年美国总统大选的实地调查，仅仅从俄亥俄州伊利县的43 000居民中通过分层抽样选取了2 400人作为样本，据此得出的研究结论显然因缺乏普适性而不能被推广于其他时代和地区)，而实证的传播学者也不可能像麦克卢汉那样真正洞察媒介的本质，其原因恐怕正在这里。总之，在现象学看来，经验的归纳方法的最大不足，在于它至多只能获得一种摆脱不掉经验的有限性和相对性的实在本质，而要克服这种经验一般化的局限以达到本质认识的绝对普遍性和必然性，则必须凭借本质直观到理念的世界中去寻找“艾多斯”——应该说，现象学方法对于实证方法的超越，归根结底就表现在这一点上。

施皮格伯格曾在阐述他为现象学运动撰史的动机时表示，他之所以想“给美国读者写一部现象学的入门书”，意在“帮助他们对于不管怎么说在英美和苏联势力范围以外的世界中成为最有影响的思潮之一的哲学运动获得一种同情的理解”，以尽可能地动摇一下“狭隘的实证主义和独断的行为主义”对于美国学术生活的顽固统治。① 如果说传播学作为一门出现并壮大于美国的学科，不可避免地要深受美国文化的熏染，那么，通过对相较于现象学方法而显露出诸多痼疾的实证方法的反思，我们是否真的能以现象学为警钟来唤起实证主义“奴役”下的传播学研究的自我觉醒呢？本书相信，随着现象学逐渐进入传播学研究的视野，施皮格伯格的上述愿望，将会引起越来越多的传播学者的共鸣。

5.2 现象学摈弃批判方法的途径

5.2.1 麦克卢汉眼中的批判方法

同与实证学派的尖锐对立有别，麦克卢汉和批判学派的关

① 赫伯特·施皮格伯格. 现象学运动［M］. 王炳文，张金言译. 北京：商务印书馆，1995. 4～5

系一直颇为“暧昧”。由于两者之间的界线似乎并不那么泾渭分明，因而不少传播学的教材和专著都在介绍批判的传播学研究时言及麦克卢汉。譬如，国内学者申凡和陈龙在《当代传播学》与《现代大众传播学》中均将以麦克卢汉为代表的多伦多学派置于批判阵营，分别称之为“加拿大批判学派中最重要的流派”① 和“北美最具影响的一个批判学派”。② 国内学者石义彬更在《单向度、超真实、内爆——批判视野中的当代西方传播思想研究》中专辟“弃儿重回批判理论阵营”一节，提醒人们“不要忽略作为传播学批判学家存在的麦克卢汉的思想”，并通过列举《无思现代性》、《热与光：重评麦克卢汉的贡献》、《探索一个传奇：25 年后麦克卢汉的传播与历史》等文献来说明：“尽管到目前为止，麦克卢汉是否应该归属于批判理论的阵营还是个有争议的问题，但越来越多的学者开始致力于重新评价麦克卢汉，以使其回归到已有的阵营中去。”③ 然而本书认为，将麦克卢汉视为批判学者难免有牵强附会之嫌：为了给麦克卢汉找到一个归属，我们在深知他与实证学派风马牛不相及的情况下，便不得不寻求他与批判学派之间的联系了。事实上，即便麦克卢汉的学术思想中含有某些批判的成分，但至少在研究方法这个根本性的问题上，他与批判学派其实是有着显著区别的。

我们知道，批判方法之所以是“批判的”，首先是因为它伴有强烈的价值介入。而在这一点上，麦克卢汉就已表现出了与批判方法的分歧。他曾谈道：“有许多年，直到我写《机器新娘》，我对一切新环境都抱着极端的道德判断的态度。我讨厌机器，厌恶城市，把工业革命与原罪画上等号，把大众传媒

---

① 申凡，戚海龙．当代传播学［M］．武汉：华中科技大学出版社，2000.45

② 陈龙．现代大众传播学［M］．苏州：苏州大学出版社，2003.11

③ 石义彬．单向度、超真实、内爆——批判视野中的当代西方传播思想研究［M］．武汉：武汉大学出版社，2003.215，216

与堕落画上等号。简言之，我几乎拒斥现代生活的一切成分，赞成卢梭式的乌托邦。但是我逐渐感觉到这种态度是多么的无益无用。……我不再担任卫道士，而是成了小学生。……因为我对文学和文化传统有道义上的责任，我就开始研究威胁文化价值的新环境。我很快就发现，这些新东西用道德义愤是挥之不去的。”[①] 在麦克卢汉看来，“道德义愤”作为一种“非常蹩脚的向导”，[②] 往往是冲动而肤浅的。因此，为了确保“诊断”走在“治疗”的前面，他在自己的传播学研究中始终不作激进的价值批判，坚持以平和的态度来从事客观的考察——或者说，不是武断地评价现实的好坏，而是冷静地搞清楚现实究竟是什么。在这个意义上，麦克卢汉曾就其“地球村”理论宣称：“我并不是表示对地球村满意或赞同，我只是说，我们生活在地球村里。”[③] 而当批判学者指责他干扰人们的注意力，使大家忽视了媒介的占有与控制问题时，他对这种诘难的回应也很简单：“不知道权力的性质，又要想弄懂谁挥舞权力，那是徒劳的。”[④]

事实上，进一步说，批判方法之所以必然带有鲜明的价值导向，归根结底是因为它所进行的逻辑推理，总要始发于某种既定的概念及其相应的立场和原则。然而与此相反，麦克卢汉自称英国作家切斯特顿在《这个世界出了什么问题》中所表现出的“直觉”而非“逻辑”的思维改变了他的一生——由于这种区别从此在麦克卢汉那里成为一个至关重要的划分原则，故马尔尚认为，早在其学生时代，他对德国哲学家黑格尔

---

① 马歇尔·麦克卢汉．机器新娘——工业人的民俗［M］．何道宽译．北京：中国人民大学出版社，2004. Ⅸ ~ Ⅹ

② 马歇尔·麦克卢汉．机器新娘——工业人的民俗［M］．何道宽译．北京：中国人民大学出版社，2004. 2

③ Terrence Gordan. *McLuhan for Beginners.* Writers and Readers Publishing Inc, 1997, p. 106

④ Philip Marchand. *Marshall McLuhan: The Medium and the Messenger.* MIT Press, 1998, p. 155

的思想的拒绝就已初现端倪了。在随后的文学批评中，麦克卢汉曾抨击芝加哥大学的文学研究患上了一种“幼稚理性综合症”：用无处不在的宏大范畴“把文学纳入几件思想的紧身衣”。① 而在转入传播学领域后，他更明确表示：“我写《机器新娘》时，开始用一种新方法小试牛刀。我浸泡在媒介之中，努力弄清媒介对人的影响。即便如此，我的一些传统文化的‘观点’偏向，还是不知不觉地钻了进来。”② 在这里，麦克卢汉显然已经意识到有必要在自己的研究中，对所谓的“观点偏向”予以排除。在他看来，大多数书籍只提供一个观点，并将其作为手段去把许多观察所得结为一体。而实际上，观点并不能取代现实，它无非提供了某个理解现实的视角，其价值仅仅存在于它把握现实的方式之中。如果说麦克卢汉所运用的是一种“不带观点的观察方法”，③ 那么这种方法与传播学研究的批判方法的根本差异，即在于它作为对概念思维传统的反动，并不依赖任何学说或理论，而完全以直接经验为其根据。正如《麦克卢汉精粹》的编者所指出的：“麦克卢汉不去搞脱离生活环境的、以概念为基础的争辩。……他迫使我们去研究我们的感性生活是如何变化的，以便自己能够对使用的媒介作出回应。……事实上，麦克卢汉探索感性价值的范式迁移的研究方法，在一切批判理论家那里都是找不到的。”④

---

① Philip Marchand. *Marshall McLuhan: The Medium and the Messenger.* MIT Press, 1998, p. 114

② Eric McLuhan, Frank Zingrone. *Essential McLuhan.* Stoddart Publishing Co., 1995, p. 266

③ Philip Marchand. *Marshall McLuhan: The Medium and the Messenger.* MIT Press, 1998, p. 130

④ Eric McLuhan, Frank Zingrone. *Essential McLuhan.* Stoddart Publishing Co., 1995, p. 5

5.2.2 批判方法的“总体性”缺陷

批判方法系欧洲传播学研究的基本方法。由于这种方法不像实证方法那样，可被明确地细化为内容分析法、实地调查法和控制实验法等若干具体形式，因此所谓“批判方法”，从来就是一个抽象而模糊的概念。虽然我们也可以从很宽泛的角度来理解这种方法，以至于笼统地将一切非实证方法通称为“批判方法”（前面提到的视麦克卢汉为批判学者的做法即表现出这一倾向），不过这样一来，我们势必会在对这种方法进行研究时陷入混乱与迷茫。事实上，尽管批判方法在其创立过程上缺乏具有明显断代意义的人物和事件，但只要对欧洲早期传播学研究的发展脉络略加梳理，我们仍能比较确切地把握到这种方法的基本特征。

一般认为，在沿袭了人文主义的学术传统（欧洲传播学研究脱胎于自古希腊以来盛行不衰的哲学研究以及在其影响下形成的关于人文与社会各领域的研究，因此注重探讨研究对象的意义和本质，倾向于从精神而非物质、人文而非科学的层面上对人类传播活动作出某种形上思考与终极关怀）并受到西方马克思主义思潮的现实推动（欧洲传播学研究作为西方马克思主义思潮的直接产物，充分吸收了马克思主义的“批判”精神，强调以一种否定性思维来质疑现实，以达到通过揭示社会整体压迫性结构中的媒介运作矛盾而对现行传播体制和实践的合理性与合法性加以反思的目的）的背景下，20 世纪 30 年代至 70 年代，素有西方马克思主义“三大分支”之称的法兰克福学派（所谓“法兰克福学派”，是指围绕法兰克福大学社会研究所及其机关刊物《社会研究杂志》而于20 世纪30 年代开始形成和发展起来的一个以霍克海默、阿多诺、马尔库塞、本雅明等人为其核心成员的左翼激进的社会—哲学流派。作为通过在马克思主义的基础上整合包括弗洛伊德的精神分析学说在内的各种现代理论来对发达资本主义社会进行多学科综合研究的庞大思想体系，该学派的社会批判理论在人文与社会科学的诸多领域中均产生了极为广泛和深远的影响，尤以对大众媒介支持下的“文化工业”的批判而拉开了欧洲传播学研究的序幕，其代表作为霍克海默和阿多诺的《启蒙辩证法》、霍克海默的《工具理性批判》、阿多诺的《否定的辩证法》、马尔库塞的《爱欲与文明》和《单向度的人》、本雅明的《机械复制时代的艺术作品》和《发达资本主义时代的抒情诗人》等）、意识形态学派（所谓“意识形态学派”，并非一个特定的学术团体，而是依据“意识形态”这一关键概念来构建其国家学说以从事资本主义批判的若干西方马克思主义学者的合称。作为该学派之思想源头的葛兰西，早在20世纪30年代就已发现在西欧各资本主义国家中，与“政治社会”的“政治霸权”相并行的还有一种由“市民社会”所确立的“文化霸权”。三十年后，阿尔都塞在此基础上进一步提出了“意识形态国家机器”的概念，认为相较于“强制性国家机器”，前者更能体现现代国家的统治方式。该学派虽几乎未从大众媒介的角度来分析意识形态问题，但其有关理论却被视为由伯明翰大学当代文化研究中心的霍尔、费斯克、莫利等人于20世纪60年代组织起来的伯明翰学派的先导而为至今依然风行于欧洲传播学界的各种类型的文化研究提供了基本思路，其代表作为葛兰西的《反对〈资本论〉的革命》和《狱中札记》、阿尔都塞的《保卫马克思》和《读〈资本论〉》等）和政治经济学派（所谓“政治经济学派”，虽可泛指一切在政治经济学层面上开展研究的传播学者，但其主体乃是以成立于20世纪70年代的累斯特大学大众传播研究中心的默多克和戈尔丁为代表的累斯特学派。该学派从马克思主义关于经济基础决定上层建筑的理论假设出发，循着经济—生产逻辑和政治—权力逻辑，致力于考察大众媒介的市场状况和所有制结构，所总结出的当代传播业发展的商品化和垄断这两大趋势业已在欧洲及欧洲以外的广大地区中成为传播学研究的重要课题，其代表作为默多克和戈尔丁的《呼唤大众传播的政治经济学》、默多克的《媒体工业机制》和《大企业与传播产业的控制》、戈尔丁的《税收与再现》和《超越文化帝国主义》等）分别在其各自的理论建构中不可避免地触及了传播问题，从而使得批判的传播学研究悄然兴起。

虽然直到拉扎斯菲尔德正式提出“批判研究”的概念后（出于对与阿多诺合作失败的经历加以总结的目的，拉扎斯菲尔德于1941年撰写了一篇题为《评行政的和批判的传播研究》的文章，指出批判研究对于发现那些能将实证研究——即其所谓的“行政研究”——引向深入的尖锐问题来说有其价值，可以作为后者的一种补充因素而被纳入美国传播学的理论体系。在这里，尽管拉扎斯菲尔德仍是站在实证学派的立场上说话，但其言论实际上表明批判研究已然引起了主流传播学界的关注），与实证学派相对立的批判学派才得以在传播学领域中始具“显学”面目，但在此之前，事实上为传播学的批判研究开辟着道路的思想家们早已鲜明地打出了“批判”的旗号。在被公认为法兰克福学派社会批判理论之宣言的《传统理论与批判理论》中，霍克海默就曾开宗明义地声称，哲学的真正社会功能在于对流行的东西进行批判。在他看来，由于“传统理论”以维护既定的社会秩序为目的（正如阿多诺在谈到拉扎斯菲尔德的广播研究时所指出的：“项目来自洛克菲勒基金会，明白地表示它需要的调查是在美国现有的商业广播制度的范围之内。这也就是说，有关这个制度本身、它的文化、社会实际状况以及它的社会经济基本前提都不需要再加以分析。”①），而“批判理论”则把自己置于这一秩序之外，旨在实现对它的拒绝与超越，因此这两种理论的根本区别，是从主体而非客体的不同中产生的。换句话说，所谓“批判理论”，原则上与研究的对象和内容无关，它不过标志着一种公

① 肖小穗．传媒批评——揭开公开中立的面纱［M］．哈尔滨：黑龙江人民出版社，2002.4

开阐述其价值观并自觉运用这些价值观去评估和针砭现实的方法论立场：“在任何既定的发展阶段，批判理论的建构性特征都表现为创新的东西。它一开始，就不仅仅是记录和综合事实。它的冲动出自它抨击事实、与恶劣的事实交锋的那种具有美好潜能的力量。”①

如果说作为一种研究方法，批判理论的革命本性在于其“批判性”，那么这种批判性，实际上来源于黑格尔对于“辩证的否定”的深刻理解。我们知道，在借鉴古代朴素辩证法思想的基础上，黑格尔通过克服近代哲学的“知性思维”的局限性而使现代辩证法得以最终确立。在他看来，任何事物自身诸多属性之间的差异都构成了否定性，但否定性不仅不会导致事物的瓦解，而且还是推动事物在一个反复“扬弃”的过程中向着更高阶段发展的内在动力。基于这种认识，黑格尔提出了“作为推动原则和创造原则的否定的辩证法”，认为它既反映了事物本身的运动规律，同时也反映了人对事物的认识规律，是本体论与方法论的统一。可以说，辩证法在本体论上对于事物矛盾运动中的否定环节的重视，决定了它在方法论上也必然坚持思维的否定向度，强调我们的认识总是通过不断地自我否定的辩证循环而深入到认识对象中去的。本书认为，正是由于“辩证分析法特别适用于揭露对立力量间的潜在斗争以及那些隐藏在表面和睦下的深刻矛盾”，② 因此本就试图重建在政治经济学和科学社会主义名义下被遗忘的马克思哲学以与苏东学派相决裂的西方马克思主义者们，自马克思的《1844年经济学—哲学手稿》于1932年现世以来，便一直着力发掘为某种拘泥于经济事实的非辩证的科学体系所掩盖的青年马克思思想与黑格尔辩证法之间的历史联系。然而坦白地说，辩证

① 赫伯特·马尔库塞．哲学与批判理论［A］．李小兵译．现代文明与人的困境——马尔库塞文集［C］．李小兵编．北京：三联书店，1989. 185

② Stephen Littlejohn. *Theories of Human Communication.* Wadsworth Group of Thomson Learning, 2002, p. 210

法实际上是一种思辨哲学的方法。众所周知，黑格尔哲学的宗旨在于构筑其理想中的形而上学大厦，故他的辩证法作为一套概念辩证法，无非着眼于“绝对精神”这一最高范畴统摄下的各种概念的辩证运动以及由此形成的有史以来形式上最为完善的逻辑学体系。从这一体系中，我们可以清楚地看到：“产生在古代希腊并且在西方两千多年的哲学传统中发展起来的所谓‘形而上学’，是一种‘理性的’思想探索方式和论证形式，它在对存在的本质和世界终极根据的探究中，培养起了严格遵循逻辑的推论原则，即从公理和定理出发，按照推理规则得出必然结论的思想品性。这就是柏拉图所说的哲学中‘最难的部分’，即‘推论的论证’或者叫做‘从理念到理念’的辩证法。于是，后来在亚里士多德那里，‘形而上学’（即他所谓‘第一哲学’）既是指对终极原理的探寻，又是指对概念范畴框架的分析。”①

因此，代表了批判的方法论立场的批判理论所意指的批判方法，归根结底是一种思辨的演绎方法。换言之，“思辨性”乃是批判方法的本质特征（需要说明的是，从广义上讲，一切哲学方法都是思辨的，因为离开思辨也就没有哲学了。但狭义的“思辨方法”，乃应特指唯理论哲学的辩证演绎方法。在本书中，我们是从后一种意义上来理解“思辨”概念的）。显然，对于这种与极大发扬了西方形而上学传统的德国古典哲学一脉相承而强调根据理性原则进行逻辑推论的哲学方法的运用，使得西方马克思主义在基本思维风格上与现象学大异其趣。也正是由于这个原因，但凡接受过现象学思想的哲学家们往往都对前者抱有抵触情绪。譬如，德国哲学家雅斯贝尔斯曾说，西方马克思主义者“相信自己能够把握人的真实存在。……然而，他们的观点远非一种科学的认识，而只是一种理智

① 刘杰．科学的形上学基础及其现象学的超越［M］．济南：山东大学出版社，1999.11

的信仰。它遇到这样一个问题：是否它自身也只是一个阶级的意识形态？所以，它只能以信仰的方式所具有的盲目的精神专横来维持自身。当信仰被瓦解时，它便从信仰走向这样的观念，即，促使某些人从一开始就把每一种可能的立场都看成是一种意识形态。但这些人是从并非正常的前提出发的。他们指出，一切事物都是相对的，在物质利益和人的冲动以外没有什么东西具有独立的存在。事实上，这种社会学产生不了认识，而仅仅表达了一种对虚无的信念，因为它把自己的标签贴到一切发生的事物上”。①

如果说以上言论只是浅尝辄止地点明了批判方法对于西方马克思主义的“误导”，那么在《辩证理性批判》中，萨特则更为细致地剖析了所谓“教条式的马克思主义”的“方法论病症”。在他看来，教条式的马克思主义的方法论作为一种“同质化的形式主义强制”，其惯用手段就是以某种现成的认识逻辑去建构历史，在尚未具体考察历史现实之前，先向历史立法，以便为研究对象规定其在历史中的位置。也就是说，“它的概念不是从经验中引出来的——或者，至少不是从它企图加以解释的新经验中引出来的——它早已把这些概念成形化；它早已肯定了它们的真实性，它给它们指定了构成范式的任务：它唯一的目的是把所考察的事变、人物或行动纳入一个预制的模子里”。② 具有反讽意味的是，萨特在这里，专门以卢卡奇对存在主义的诘难为例来展开论述。他指出，卢卡奇在《存在主义还是马克思主义》中所犯下的错误，在于抛开了那些鲜活生动的具体文本，未曾潜入存在主义的特殊语境而对这一哲学思潮作出实事求是的评价，于是其存在主义批判便可悲地沦为了“对某些只是在表面上彼此相似的思想体系一并加

① 卡尔·雅斯贝尔斯. 时代的精神状况［M］. 王德峰译. 上海：上海译文出版社，2005. 114～115

② 让-保罗·萨特. 辩证理性批判［M］. 徐懋庸译. 北京：商务印书馆，1963. 28～29

以清算的一种形式的和空洞的概念"。[①] 据此，萨特对于卢卡奇的"总体性"思想（作为西方马克思主义的创始人，卢卡奇最早将"总体性"视为马克思主义辩证法的一项至关重要的原则。他宣称，取自黑格尔的总体对各部分施以全面统治的观点，是马克思主义作为一门同资产阶级科学有着决定性区别的全新科学的基本方法，而其代表作《历史与阶级意识》的重大成就之一，就在于"使那曾被社会民主党机会主义的'科学性'打入冷宫的总体范畴，重新恢复了它在马克思全部著作中一向占有的方法论的核心地位"[②]）表示摈弃，认为这种永远倾向同一化的先验判断作为一种简单粗暴的"还原主义"，所体现出的依旧是将自己的主观性强加于现实的黑格尔式的观念决定论，因此它不过是用一种唯心主义来反对另一种唯心主义而已。

李彬曾经指出："批判学派都直接或间接地继承了卢卡奇的'总体性'法则，表现出卢卡奇所言的'渴望总体性'的倾向。"[③] 事实上，批判的传播学研究之所以常常表现出某种对于用以解决一切具体问题的先验教条的服从，就是因为它在方法论上不可避免地带有源自其西方马克思主义母体的"总体性"缺陷。可以说，整个传播学的批判理论，几乎都是从马克思的"阶级"、"异化"和"商品拜物教"及其影响下的卢卡奇的"物化"与葛兰西的"霸权"等学说出发，在对各种超验概念和范畴的逐层推演中形成判断并得出结论，从根本上视媒介（这里的"媒介"概念远不如麦克卢汉所理解的那样宽泛，它在一般情况下多指与大众传播、大众社会、大众文化相联系的"大众媒介"）为"压迫"人的工具——这种

① 张一兵．文本的深度耕犁——西方马克思主义经典文本解读［M］．北京：中国人民大学出版社，2004. 274

② 格奥尔格·卢卡奇．历史与阶级意识——关于马克思主义辩证法的研究［M］．张西平译．重庆：重庆出版社，1989. 15

③ 李彬．传播学引论［M］．北京：新华出版社，2003. 339

“压迫”包括对个人和群体的压迫（如法兰克福学派和伯明翰学派的研究）、对阶级的压迫（如意识形态学派和政治经济学派的研究）、对性别的压迫（如女性主义和女权主义研究）以及对民族国家的压迫（如媒介帝国主义和后殖民主义研究）。在这里，马克思主义作为一个足以囊括一切的神奇容器，构成了传播学批判学派的诸多研究路径的总体框架而为它们在各自方向上的形上思辨提供了共同的逻辑起点。而随着千差万别的具体性都以“马克思主义”的名义被武断地统摄于若干大而化之的抽象原理之下，卢卡奇的后继者们无不走向了“空洞的批判”。诚如阿多诺的学生克拉尔在批评其先师时所说：“批判理论汲取德国古典哲学的精华，这就使它的理论活动可以借助辩证理性而对抗着实证主义的方法。批判理论可以确认一个总体性的概念——这个概念作为对于政治经济学批判的反思，可以是一个关于总体性的反形而上学的概念——但批判理论却不能把握它的具体表现。……具体的社会现实就其天然的形式而言，不能作为该理论的一个积极的组成部分而归入到理论中去。……因此，他的关于理论作为真理终将超越自身以及理论的目的在于对社会现实的实际改造等意见，都将失去它的力量。”①

美国传播学家小约翰有言，“批判方法认为，仅仅描述我们的意识生活，这走得还不够远，因为真正的学者必须致力于通过提高社会中关于权力的认知来改变社会结构”，而“从这一角度看，现象学最大的问题是它否认了日常体验的政治本质”。② 实际上，在现象学看来，前者作为一种诉诸“总体性”的思辨方法，恰恰是在寻求所谓的“政治本质”的道路上走得太远了——批判的传播学研究之所以往往带有某种乌托邦主

① 高宣扬．新马克思主义导引［M］．台北：远流出版公司，1995. 195

② Stephen Littlejohn. *Theories of Human Communication*. Wadsworth Group of Thomson Learning，2002，p. 204

义的虚玄色彩，其原因在此。

5.3 现象学方法代表了一种“真正的哲学态度”

张咏华指出：“麦克卢汉的著述，带有一些按传统学术规则来衡量属于缺陷的特点，一是藐视实证研究，二是轻视逻辑推理。”① 应该认为，上述这两个特点正好反映了麦克卢汉的传播学研究方法既非实证学派的经验方法，也非批判学派的思辨方法（这里需要指出的是，将传播学实证学派和批判学派的研究方法的差异，笼统地归结为前者使用定量的或曰量化的方法而后者使用定性的或曰质性的方法的惯常做法其实是有欠妥当的。我们知道，为实证学派所习用的民族志法乃是一种源于文化人类学的典型的质性方法，它主要通过深度访谈、参与式观察等所谓的“田野调查”途径来实施，虽不进行精确的数据分析，但所从事的不外是有关事实材料的采集、整理、分类和对比的工作——尽管这些事实材料是以定性而非定量的形式表现出来的。同样，批判学派对于诸如内容分析法和实地调查法等量化方法也都有所运用，但这种运用不过是作为一种辅助手段而为整体上的逻辑推理提供某些来自定量的数据材料的佐证，以增强其结论的说服力和可信度罢了。由此可见，虽然实证学派和批判学派分别倾向于采用量化方法和质性方法，但这并不表示这些方法就是它们的专利——由于前者也运用质性方法，后者也运用量化方法，其研究方法的区别因此是不能简单地用“定量”与“定性”来加以辨识的。事实上，如前所述，实证方法和批判方法的本质特征分别是经验性和思辨性。而通过以上分析，我们尤能看清：实证学派和批判学派的研究方法无论是量化的还是质性的，它们各自最终都是一种经验方

---

① 张咏华．新形势下对麦克卢汉媒介理论的再认识［A］．传播学论文选萃（第三卷）［C］．尹韵公，明安香编．南京：南京师范大学出版社，2000. 5

法和一种思辨方法。换言之，定量也好，定性也罢，这些外在的表面因素并不足以改变传播学两大学派的标榜经验与崇尚思辨的方法论本质）。事实上，麦克卢汉本人对此亦有明确认识。他曾自称其方法论思想从原则上区别于“两种基本的方法形态”：一种是“根据与已知东西的关系提出问题，在已接受的信条的基础上进行加减”；另一种则是“就问题说问题，不参照问题所处的场域，谋求发现圈定范围内的事实和规律”。[①] 显而易见，这里提到的两种基本方法分别就是思辨的演绎方法和经验的归纳方法——如果说麦克卢汉于此处已然隐晦地指出了它们的弊端，那么其弊端归根结底都表现在对“个别”与“一般”、“现象”与“本质”之关系的处理上。

众所周知，古希腊直至近代，唯理论哲学家从未停止过对于“一般”和“本质”的探寻。他们相信，展示给我们的现象世界不过是一个不真实的虚幻世界，我们因此需要通过哲学思考去发现隐藏于现象世界背后的本体世界——这个本体世界，在毕达哥拉斯那里是“数”、在柏拉图那里是“理念”、在康德那里是“物自体”、在黑格尔那里是“绝对精神”……然而，对于本体世界的来历，唯理论哲学家却很难解释清楚。他们既然不认为它从经验中来（相反，他们声称一切经验之物都是由于“分享”了某个理念之物而得以存在的），便只能设想它先验地存在于人的头脑之中，可以通过对各种概念和范畴的逻辑推演而被加以把握——即如柏拉图所说，理念是天赋的，但我们每每把这种与生俱来的东西给“遗忘”了，故须借助后天的学习而在“回忆”中将它重新唤出。与此相反，经验论哲学家在“个别”与“一般”、“现象”与“本质”之间无疑更关心“个别”和“现象”。他们似乎也希望了解本质，但却认为本质只能从对现象的归纳中得到。而当休谟提出

① Eric McLuhan, Frank Zingrone. *Essential McLuhan.* Stoddart Publishing Co., 1995, p. 137

再多的个别性也不可能通过归纳合乎逻辑地过渡到一般性之后，他们往往就只专注于考察经验事实，无意将获取本质认识作为自己的目标了。实际上，唯理论者和经验论者在这里持有一个共同的观点：我们无法从个别现象中把握一般本质——换句话说，直观只是感性直观，我们所能直观到的仅仅是个别之物，而不可能是一般之物。于是，对于唯理论者来说，既要强调“本质”，就只能把它和理性思维联系在一起，从而放弃“直观”；对于经验论者来说，既要强调“直观”，就只能把它和感性经验联系在一起，从而放弃“本质”。

可以说，由于上述二者均未能实现“本质”与“直观”的结合，因此它们在理解“个别”与“一般”的关系时，都不可避免地失之偏颇了。如前所述，经验方法的思维向度是从“个别”到“一般”，它关注个别，忽视一般，主张由个别来归纳一般，由于这种归纳注定有限，因此容易陷入相对主义和怀疑论，而进一步说，经验方法所谓的对经验进行归纳，无非是对认识对象进行排除个性、保留共性的抽象，实际上是对世界加以“理念化”——在这个过程中，一般仍然只是“个别”意义上的一般，而个别本身也丧失了；相反，思辨方法的思维向度是从“一般”到“个别”，它关注一般，忽视个别，主张用一般来解释个别，由于这种解释只是套用，因此容易陷入教条主义和独断论，而进一步说，思辨方法所谓的透过现象看本质，无非是对认识对象附会预设的“底层结构”，实际上是对世界加以“基体化”——在这个过程中，个别固然得不到重视，而一般本身也被架空了。与这两种传统方法不同的是，现象学由于创造性地将“本质”与“直观”结合起来，提出“现象即本质”（在这里，“本质”也获得了某种直接被给予性，它于是成为与“现象”一而二、二而一的可被内在地把握到的东西），主张从个别中直观到一般，因此表现出对“个别”和“一般”的同等关注，从而作为由两千多年来西方主流哲学的内部困难和问题所引发的一场哲学运动，最终在哲学方法论上解决了长期困扰人们的"现象"与"本质"的矛盾，弥合了"现象界"与"本体界"之间的鸿沟。张祥龙曾说，现象学作为一种本质研究，"如果不加'直观'当然毫无新奇之处，但把'本质'和'直观'联系在一起就不一样了"。[①]事实上，以"本质直观"为核心的现象学方法的"新奇之处"，就在于它是"对休谟经验主义和康德超验唯心主义的双重反动。……它希望在（以观察为基础的）经验主义和（以理性和概念系统为基础，以便描述经验生活的结构的）理性主义的对立之间作出某种综合"。[②]

必须指出的是，对现象学方法作上述理解虽无不可，但却仍嫌不够，因为从根本上讲，现象学方法其实并非经验方法和思辨方法的简单"综合"，而是对这两种传统方法的全面超越。在现象学看来，传统哲学之所以要么以"个别"来观照"一般"，要么以"一般"来观照"个别"，乃是因为无论经验论还是唯理论，都以某种关于世界存在的判断为其前提——前者预设了一个形而下的物质世界的存在，后者则预设了一个形而上的精神世界的存在。也就是说，经验论和唯理论中的"被给予"，皆是外在的而非内在的被给予，是他者的而非自身的被给予，亦即是间接的而非直接的被给予。现象学认为，传统哲学既着眼于间接的被给予，又不去思考这种间接的被给予究竟如何被给予，因此是缺乏"严格性"的。而欲要把哲学建设成为一门"严格的科学"，就必须追问间接被给予性的来处而将它回溯到直接被给予性上——即将外在性回溯到内在性上，将对象性回溯到本己性上。

为了清楚地说明上述问题，胡塞尔曾特意区分了两种不同性质的思维态度：自然态度和现象学态度。他指出，自然态度

① 张祥龙．朝向事情本身——现象学导论七讲［M］．北京：团结出版社，2003.4

② 维克多·维拉德－梅欧．胡塞尔［M］．杨富斌译．北京：中华书局，2002.16～17

是一种自发的态度，处在这一态度中的人们基于其哲学上的素朴性而必然作出某种本体论承诺，故他们的思维实质上是独断的，永远无法进行自我批判。相比之下，现象学之所以具有“认识批判的意义”，就是因为它坚拒这种独断的自然态度，而代之以一种高于传统哲学之素朴性的反思态度。胡塞尔就此谈道：“我们不是去进行那些杂多的、相互交迭的意识行为，从而素朴地将那些在其意义中被意指的对象设定并规定为存在着的，或者以这些对象作为假设的开端，由此推出一定的结论，如此等等；而是要进行‘反思’，即：使这些意识行为本身和其内在意义内涵成为对象。在对象被直观、被思考、被理论地思维并在某种存在变式中被设定为现实的同时，我们不应把我们的理论兴趣放在这些对象上，不应按照它们在那些行为意向中所显现或生效的那样将它们设定为现实，恰恰相反，那些至今为止非对象性的行为才应当成为我们所要把握、所要理论设定的客体；我们应当在新的直观行为和思维行为中去考察它们，分析、描述它们的本质，使它们成为一种经验思维或观念直观思维的对象。”① 这也就是说，在现象学的反思中，为自然态度所接受的那些外在的存在之物，都被还原为了内在的所思之物。在此，由于现象学只信赖作为认识源头的先于所有立场而被最初给予的东西（胡塞尔因此特别强调自己不是一个“立场哲学家”），此外任何来自形而上学或自然科学的假定都不可能成为它的出发点，因此它乃是一门从根本上排除了一切预设的、完全建立在自己的基础上或曰以自己为基础的哲学。而现象学方法，当然也就是一种彻底无前提、无成见的哲学方法。如果说“直观”作为现象学的“第一方法原则”，要求我们在毫无遮蔽和干扰的情况下，“让显现自身者以自己显

---

① 倪梁康．现象学及其效应——胡塞尔与当代德国哲学［M］．北京：三联书店，1994. 198

现自身的方式被从它自己那里看到”，[1] 那么反反复复谈了这么多，现象学作为一种全新的哲学方法论，其所代表的那种不同于传统哲学的独特的思维态度——即胡塞尔所谓的“真正的哲学态度”——的髓质所在，一言以蔽之，就是“回到实事本身”。

作为现象学方法的基本精神，“回到实事本身”极为胡塞尔所看重。他曾说：“我们要回到‘实事本身’上去。我们要在充分发挥了的直观中获得明证性。……理性地或科学地对实事作出判断，这是指，朝向实事本身，或者说，从泛论和意见回到实事本身上去，在实事的被给予性中探讨它们并且摆脱所有非实事的偏见。”[2] 更宣称其《逻辑研究》的意义，不在于给出某个“高高在上的纲领”（胡塞尔认为传统哲学的可悲之处即在于它们总是被视为这样一种纲领），而在于“提供了现实进行着的、对直接直观到和把握到的实事的基础研究尝试”，并由此“保留了对实事本身和对关于实事的研究的最后发言权”。[3] 谈到这里，我们如果回头再看现象学方法与传统方法的区别，便可发现，正是凭借胡塞尔从布伦塔诺的讲座中获得并用以策励了一场现象学运动的所谓“解决任何问题时都采取纯粹实事性”的信念，现象学方法才最终得以同时与经验方法和思辨方法划清了界线：“一方面，我们不是在被给予之物，即感性材料中‘发现’这个一般之物，因而不同于实在论；另一方面，我们也不是在这种特殊的意识活动中‘创造’这个一般之物，而是‘发现’它，发现这个被一般人

---

① 马丁·海德格尔．存在与时间［M］．陈嘉映，王庆节译．北京：三联书店，1999. 41

② 倪梁康．现象学及其效应——胡塞尔与当代德国哲学［M］．北京：三联书店，1994. 191

③ 埃德蒙德·胡塞尔．逻辑研究［M］．倪梁康译．上海：上海译文出版社，1994. 10

容易理解为虚无的非时空的观念，因而又不同于唯名论。”①这也就是说，在坚持纯粹实事性的认识态度的现象学看来，作为“现象”而呈现的“一般之物”，既不是有待我们去“发现”的现成的东西，也不是有待我们去“创造”的虚构的东西（即是说，现象学要求坚守“自我学”立场以“重返意识”，旨在将其本质认识建立在自我意识的绝对明证性上，而并非要去无中生有地编造那些所谓的“精神”和“理念”。诚如梅洛－庞蒂所言：“这种活动完全不同于唯心主义的重返意识。……真正的我思把我的思维当作不可剥夺的事实，取消各种各样的唯心主义，发现我‘在世界上存在’。”②），而是在我们的思维直观中自我生发和当场被给予的。本书认为，正是在这种对于显现着的“艾多斯”的纯粹实事性的把握中，胡塞尔一方面声称自己是一个“最激进的经验主义者”，另一方面又宣布要建立一种胜过旧理性主义但却仍然维护其最内在目的的“超理性主义”。

显然，通过用彻底的主观性来保证完全的客观性这样一种“相反相成”的独到方式，胡塞尔巧妙地“把极端的主观主义和极端的客观主义在其关于世界和合理性的概念中结合在一起”，③ 从而告诉人们：现象学的世界既非固有，也非臆造，因此不应被单独放到物质世界或精神世界的任何一边。这样看来，如果说现象学是“一切近代哲学的隐秘的憧憬”，④ 那么毫无疑问，这个“隐秘的憧憬”的实现，就在于它以一种介乎其间而又超乎其上的姿态化解了作为传统哲学之两极的经验

---

① 倪梁康．现象学及其效应——胡塞尔与当代德国哲学［M］．北京：三联书店，1994.76

② Maurice Merleau-Ponty. *The Phenomenology of Perception.* transl. by C. Smith. Routledge，1962，p. Ⅲ，p. Ⅷ

③ Maurice Merleau-Ponty. *The Phenomenology of Perception*，transl. by C. Smith. Routledge，1962，p. XV

④ 埃德蒙德·胡塞尔．纯粹现象学通论［M］．李幼蒸译．北京：商务印书馆，1992.160

论和唯理论的尖锐对立（现象学因此无法在我们所惯用的“唯物”或“唯心”这种简单的二元判断中获得理解）——在此意义上，我们甚至可以说，整个西方哲学史都或多或少地表现出对现象学的某种向往与渴求：“胡塞尔不是第一个现象学家，海德格尔不是最后一个现象学家。现象学是哲学的基本思想，它有一个长长的前史，并且还会有一个长长的后史。”①

海德格尔说过，与传统哲学相比，现象学“走的是一条不同寻常的思路，因之必然使同时代的哲学感到陌生”。② 同样，麦克卢汉的著作因为弥漫着现象学的气息，也注定使同时代的传播学“感到陌生”。事实上，对于自己身陷孤独的原因，麦克卢汉有着十分清醒的认识：“大多数人根本看不懂他们面前的书。……这不是由于我写的东西难，而是由于我的东西要求人们完全重组他们的思想。”③ 的确，如果诚如恩格斯所说，“每一种新的进步都必然表现为对某一神圣事物的亵渎”，④ 那么现象学对于作为“神圣事物”的传统哲学的“亵渎”，无疑尤其深刻——因为接受现象学，并非简单地接受一套理论或学说，而是从根本上接受一种全新的思维方式。当然，在这一“重新学会看世界”的过程中，尽管必须付出异常艰苦的努力以与盘踞于我们头脑中的那些传统观念作坚决的告别（就连胡塞尔本人都曾坦言，他只能于其精神旺盛之际把握自己的思想，否则就会感到理解上的巨大困难），但一旦实现了从传统思维向现象学思维的转变，洞察的大门也就自然朝我们敞开了。在这里，本书赞同麦克卢汉的如下说法：“这

---

① 倪梁康．现象学运动的基本意义——以此纪念现象学运动一百周年［A］．面对实事本身——现象学经典文选［C］．倪梁康编．北京：东方出版社，2000. 4

② 马丁·海德格尔．面向思的事情［M］．陈小文，孙周兴译．北京：商务印书馆，1999. 98

③ Philip Marchand. *Marshall McLuhan*: *The Medium and the Messenger*. MIT Press, 1998, p. 256

④ 弗里德里希·恩格斯．路德维希·费尔巴哈和德国古典哲学的终结［A］．马克思恩格斯选集（第四卷）［C］．北京：人民出版社，1972. 233

样的研究实在没有什么固有的令人惊讶或极端的东西，只是由于这样那样的原因，很少有人具有这样的眼光来进行这一研究而已。”①

① Eric McLuhan, Frank Zingrone. *Essential McLuhan*. Stoddart Publishing Co., 1995, p. 236

6 启示：传播学研究中引入现象学方法的意义

本章认为麦克卢汉的启示在于向传播学研究表明了现象学方法的重要性，指出将现象学方法引入传播学研究的意义主要体现在以下三个方面：现象学方法可以通过与传统方法形成互补而丰富传播学研究的方法论体系；现象学方法可以通过回归“生活世界”而凸现传播学研究的时代特征；现象学方法可以通过不断进行可能性探寻而敞开传播学研究的思维视域。

6.1 现象学方法丰富了传播学研究的方法论体系

众所周知，哲学作为一门位居各种具体科学之上的科学，往往于潜移默化之中最深刻地形塑着人们的思维。因此，在具体科学方法、一般科学方法和哲学方法这三个学术意义上的“方法”层次中，为前二者提供根本指导的哲学方法，显然具有至为广大的普适性。

以现象学方法为例，它不仅被用以研究诸如意识问题、存在问题、语言问题、逻辑问题、伦理问题等几乎所有的哲学问题，而且还被广泛应用于哲学以外的人文社会科学乃至自然科学领域。譬如，在文艺与美学研究中，除“新批评”如前所述地与现象学方法有着某种关联之外，法国艺术学家丹纳在《艺术哲学》中也自称运用了“根据经验而非根据观念的研究方法”。他说：“什么叫做艺术？本质是什么？我想把我的方法立刻应用在这个问题上——我不提出什么公式，只让你们接触事实。这里和旁的地方一样，有许多确切的事实可以观察，就是按照派别陈列在美术馆中的艺术品，如同标本室里的植物和博物馆里的动物一般。艺术品和动植物，我们都可以分析。……研究后者和研究前者一样，毋须超出我们的经验。”① 显然，这种既要立足于经验，又将艺术作为一个与科学实证无关的哲学问题来研究以探索其本质的方法，纵或不是严格意义上的现象学方法，也与现象学方法呼吸相通。事实上，即便抛开此类与现象学间接相关的众多例证不谈，单是波兰美学家英伽登的《对文学的艺术作品的认识》、法国美学家杜夫海纳的《美学与哲学》、美国美学家玛格欧纳的《文艺现象学》、德国美学家瑙曼的《作品、文学史与读者》等几部直接打出“现象学”的旗号，共同宣称放弃要么“客观再现”要么“主观表现”的简单化理论概括而转向审美对象本身的论著，便足以反映现象学方法在这一领域中的应用盛况了。

鉴于上述事实，施皮格伯格曾经坦承，他所撰写的《现象学运动》是缺乏完整性的，因为该书以全部篇幅介绍现象学哲学，省略了涉及现象学与各种非哲学研究之关系的内容，而现象学对这些“外围领域”的影响，也许比对哲学本身的影响更加显著和富有成效。事实上，近50年来，包括施皮格伯格在内的不少学者纷纷撰写过现象学运动的历史，但有关著述之所以都只对20世纪上半叶以德法两国为中心的现象学思潮有效，而始终无法跟上广义现象学运动的发展，原因就在于广义现象学运动的发展，正是由现象学方法在“各种非哲学研究”中的普遍应用所推动、以五花八门的“应用现象学”（其中著名的除前面已经提到的英伽登等人的美学现象学外，还有比利时心理学家柏范达的心理现象学、加拿大教育学家范-梅南的教育现象学、法国宗教学家莱维纳斯的宗教现象

---

① 伊波利特·丹纳. 艺术哲学［M］. 傅雷译. 合肥：安徽文艺出版社，1991. 50

学、德国法学家雷那赫的法学现象学、德国数学家贝克的数学现象学等等）的大量涌现为标志的——在这一持续不断的过程中，现象学作为一种有效的工具而服务于各不相同的事业，从未停止发挥其效应。在此意义上，本书认同倪梁康的如下观点："虽然不仅作为现象学运动之首的胡塞尔现象学已成为历史，而且整个现象学运动也已成为过去，在某种程度上已退出社会生活。但从另一个角度来看，胡塞尔的现象学和由此而引发的现象学运动的影响，……始终是当下的。"①

尽管如此，"现象学"在很多人看来，仍然还是一个陌生的名词。如果说当此构建"教育现象学"的呼声日益高涨之际，尚有教育学者鉴于其某些同行对现象学方法的不够重视而批评"在教育领域里，一定程度上似乎还存在着'对现象学的遗忘'"，② 那么相比之下，传播学"对现象学的遗忘"无疑就更为彻底了。就目前所见，国内外有关文献在谈到传播学研究方法时，大多对现象学只字不提，或者即便有所触及，也往往一笔带过，语焉不详。尤其令人遗憾的是，作为为数不多的几部对现象学作过专门介绍的国外传播学著作的代表和国内传播学者少有的一篇正面碰撞现象学的论文，小约翰的《人类传播理论》与高坚和高红艳的《新闻价值研究的现象学方法论》，也都未能为改变上述状况而作出它们应有的贡献——虽然出于帮助读者以尽可能广阔的视野来理解传播的目的，《人类传播理论》难能可贵地将现象学视为一项可供传播学研究借鉴的重要思想资源而对之多有论述，但所谓"现象学把实际体验过的经历当作现实的基本信息。……如果你想知道什么是爱，你不应去问心理学家，你应到自己爱的经历中去寻找答

---

① 倪梁康．现象学及其效应——胡塞尔与当代德国哲学［M］．北京：三联书店，1994.5

② 宁虹，钟亚妮．现象学教育学探析［J］．教育研究，2002（8）：32

案”[1] 云云，却表明作者不过浅尝辄止地从最显易的层面上对现象学作出了某种通俗化的说明，并未充分阐发现象学的丰富内涵和深刻意义；而在《新闻价值研究的现象学方法论》中，作者则望文生义地把“新闻工作者的具体实践活动”称为“现象”、把“回到新闻实践的每一个步骤中对新闻价值的评价对象进行区分”称为“现象学还原”，[2] 显然更是对现象学缺乏基本的了解。

事实上，诚如李彬所说：“我国自改革开放引入传播学以来，20余年间大都承袭以美国为典范的经验学派，而轻略以欧洲为中心的批判学派，以至于这方面的研究总体上还处于空白状态。迄今为止，除了台湾传播学者张锦华对批判学派的理论做过系统梳理之外，祖国大陆对传播学批判学派的研究及其成果可谓屈指可数。”[3] 尽管近年来情况有所好转，陆续出现了诸如肖小穗的《传媒批评——揭开公开中立的面纱》、潘知常和林玮的《传媒批判理论》、许正林的《欧洲传播思想史》等较为全面地论述批判的传播学研究的著作，但在实证学派的话语霸权下，有关批判学派的研究仍然显得相当薄弱，而对于现象学这一更加“生僻”的研究路径的关注则简直无从谈起了。切特罗姆曾经指出：“实际上，麦克卢汉本人可以被视为一种‘媒介’，因为他运用新方法来分析媒介正好普及了这些方法。……在这个过程中，他极大地扩张了传播研究的‘正规’领域的范围。”[4] 如果说这里所谓的“新方法”就是现象

---

① Stephen Littlejohn. *Theories of Human Communication.* Wadsworth Group of Thomson Learning, 2002, pp. 184 - 185

② 高坚，高红艳．新闻价值研究的现象学方法论［A］．信息化进程中的传媒教育与研究——第二届中国传播学论坛文集［C］．张国良，黄芝晓编．上海：复旦大学出版社，2003. 42 ~ 43

③ 李彬．媒介话语——新闻与传播论稿［M］．北京：新华出版社，2005. 95

④ Daniel Czitrom. *Media and the American Mind*: *From Morse to McLuhan.* The University of North Carolina Press, 1982, p. 182

学方法，那么，麦克卢汉拓展“传播研究的‘正规’领域的范围”的意义，即在于使传播学研究得以跳出实证学派和批判学派的窠臼而与现象学方法实现了沟通。不过需要澄清的是，将现象学方法引入传播学研究，并不意味着要放弃实证方法和批判方法。虽然如前所述，现象学方法在很多方面超越了传统方法，但所谓“超越”，乃是一种扬弃，而非全盘否定。事实上，仅仅通过分析我们关于某物——譬如“水”——的纯粹意识，我们虽可把握那种被称为“水的艾多斯”的观念本质，但却不可能认识其 H_2O 的实在本质——而这个以化学分子式来表达的实在本质，恰恰是经验科学（或曰事实科学）所要告知我们的。从这个意义上讲，现象学并不试图颠覆任何经验科学，它不过希望探讨某些非常重要但却为后者所忽略了的问题，正如后者也能解决那些前者所无法处理的问题一样。

爱因斯坦曾在论及几何学问题时谈道：“欧氏几何、罗氏几何、黎曼几何是三种各有区别的几何学。这三种几何学各自所有的命题都构成了一个严密的公理体系，各公理之间满足和谐性、完备性和独立性。因此这三种几何都是正确的。在我们这个不大不小、不远不近的空间里，也就是在我们的日常生活中，欧氏几何是适用的；在宇宙空间或原子核世界中，罗氏几何更符合客观实际；在地球表面研究航海、航空等实际问题中，黎曼几何更准确一些。”[①] 由此可见，任何真理都是相对的，每一种研究方法也皆有其可取之处，它们不得越出各自的适用范围而相互替代。既然现象学方法作为一种“超验的直观方法”，已与“经验的或逻辑的归纳方法”和“黑格尔式的辩证方法”并列为西方最主要的三种哲学方法，[②] 那么在传播学研究中，它与对应于代表自然科学方向的经验论传统的实证

① 阿尔伯特·爱因斯坦．相对论［M］．周学政，徐有智编译．北京：北京出版社，2007．4

② 赫尔曼·施密茨．新现象学［M］．庞学铨，李张林译．上海：上海译文出版社，1997．Ⅻ

方法和对应于代表形而上学方向的唯理论传统的批判方法之间的关系，无疑应该是互补共存的（国内学者屠忠俊指出，根据哈贝马斯关于指导人类认识的“三种兴趣”的学说，我们可以将分别与“技术的兴趣”、“实践的兴趣”、“解放的兴趣”相对应的实证方法、解释方法、批判方法合称为传播学研究的“三大方法论范式”。[①] 事实上，自伽达默尔在其将解释学发展为一个独立的哲学流派的《真理与方法》中，作出“我的这部书在方法论上立足于现象学”的明确表示之后，学术界已然公认，解释学所依据的正是现象学的基本操作原则，而伽达默尔的历史贡献即在于把胡塞尔的现象学方法与狄尔泰的解释学课题有机地结合起来。因此从渊源上看，所谓“解释方法”，归根结底就是现象学方法。大概也正是基于这种考虑，小约翰的《人类传播理论》以“经验和阐释理论”来统称现象学与解释学，认为它们共同的核心观点是：人们可以通过把意义赋予他们所看到的东西来积极地解释其经验）。本书相信，有了现象学方法的加盟，传播学即能形成一个相对完整的方法论体系——如果说实证方法善于整理经验但不问“意义”，批判方法重视“意义”却意识形态色彩太浓，现象学方法则在将“传播”视为人类的一种基本生活经验而对之加以非意识形态化的意义阐释方面有其用武之地，那么在这个体系中，上述方法彼此参照、长短互见，可使我们根据研究对象及目的的不同而在它们三者之间作出更加自由和明智的选择。

6.2　现象学方法凸现了传播学研究的时代特征

我们知道，麦克卢汉对于“口语”有着特殊偏好。他曾说：“我的许多研究工作都是在和别人的谈话中进行的。我在

---

① 屠忠俊，吴廷俊．网络新闻传播导论［M］．武汉：华中科技大学出版社，2002. 300

谈话中摸索探路，而不是宣布什么结论。大多数人把说话作为思想的结果，我却把谈话作为思考的过程。”① 不仅如此，他甚至要求自己的写作也应像电台音乐节目主持人那样，“完全在非书面的口头的经验中游刃”② ——这一点，从他用“冷”和“热”这样的通俗词汇来指称不同媒介的受众参与程度之高低以对媒介类型进行划分的“另类”做法（姑且不论这一做法妥当与否）中即可清楚地看到，也通过他对伊尼斯著作所呈现的某种别样面貌的如下评论而得以鲜明地反映出来：“一种断断续续的风格，一种格言式的，像智力摄影机似的工作程序，这对于他的需求是必不可少的。……他将一种精要见解与另一种并列，一个接一个地将一种观察或想象累加到另一种上，使人感觉到在经历迅速发展的进程中存在着一种复合关系，而这种发展来自具体的技术变革的作用。……这是一种表意的散文，一种复合的智力影片。”③

事实上，以上这段评论与其说是《帝国与传播》和《传播的偏向》的写照，毋宁说用以形容《理解媒介——论人的延伸》更为贴切。因为如前所述，后者几乎全由包含着各种“精要见解”的现象学描述的片段“一个接一个地”构成，其较前二者有过之而无不及的“断断续续的风格”才真可谓“是聊天或对话的自然形态，而不是书面话语的自然形态”。④石义彬曾经发问：作为一个研究文学出身的学者，麦克卢汉必定有能力写出流畅的文章，但他为什么偏要采用如此晦涩的文笔来表述其思想呢？对于这个问题，麦克卢汉本人的回答是：

---

① Philip Marchand. *Marshall McLuhan: The Medium and the Messenger.* MIT Press, 1998, p. 66

② 马歇尔·麦克卢汉．理解媒介——论人的延伸［M］．何道宽译．北京：商务印书馆，2000. 113

③ Daniel Czitrom. *Media and the American Mind: From Morse to McLuhan.* The University of North Carolina Press, 1982, pp. 172 – 173

④ 哈罗德·伊尼斯．传播的偏向［M］．何道宽译．北京：中国人民大学出版社，2003. 2

“写作往往有一种倾向，就是从题材中分离出一个方面，将注意力死死地指向它。对话有另一种倾向，那便是任何题材的多方面的相互作用。”① 这也就是说，书面写作通常需要遵循严格的逻辑规范，而口头对话则无须受此束缚，故更加灵活和自由。这样看来，如果说麦克卢汉文笔“晦涩”的原因，在于他赋予了写作以某种对话的特征，那么很明显，他之所以如此强调口语对于书面语的优越性，目的就是为了以其“马赛克”式的表达方式来瓦解人们的线性逻辑的思维习惯。当然，必须指出的是，在这里——即在麦克卢汉超越传统的逻辑理性的背后，还隐藏着一个回归“生活世界”的深刻动机。

“生活世界”理论是胡塞尔晚期哲学中的一个重要思想。所谓“生活世界”，乃是一个前科学、前哲学的奠基性的世界，因是一切科学和哲学产生的基础，故具有非抽象、非概念、非逻辑的绝对素朴性特征。用胡塞尔的话说，它是一个“通过知觉实际地被给予的、总是被经验到并能被经验到的世界”② ——即在日常生活中可以触及的直观的世界。胡塞尔认为，之所以提出“生活世界”的概念，是因为我们曾经生存于其中，但后来却逐渐远离了它，于是现在需要重新返回，就像出门很久的孩子踏上归家之路一样。因此，要了解回归“生活世界”的意义，首先必须弄清疏离“生活世界”的原因。而在胡塞尔看来，这个原因就是“欧洲文化的危机”——它既是欧洲科学的危机，也是欧洲哲学的危机，归根结底是欧洲近代理性的危机。胡塞尔指出，近代欧洲在自然科学领域取得了巨大成就，但这种成就却冲昏了人们的头脑，诱使人们用自然科学的眼光来看待一切，进而相信：世界就是由一系列的数学方程式编织起来的“一个理性的、系统的统

---

① 哈罗德·伊尼斯．传播的偏向［M］．何道宽译．北京：中国人民大学出版社，2003. 2

② 张廷国．重建经验世界——胡塞尔晚期思想研究［M］．武汉：华中科技大学出版社，2003. 129

一体——在这个统一体中，一切个别的细节都必须加以理性的规定。它的系统形式（它的普遍的本质结构）是可以被我们获得的，而且它的确预先就为我们准备好并被我们所知晓了，只要它至少具有一种纯粹数学的形式”。① 在这个意义上，胡塞尔称伽利略既是“发现的天才”，也是“掩盖的天才”。他说：“以前人们只知道世界的（作为它不变形式的）普通的因果性，而伽利略发现了自他以来一直被称之为因果规律的东西，即‘真正的’（理念化和数学化了的）世界的‘先天的形式’，‘精确的规律性的规律’，按照它在‘自然’（理念化了的自然）中所发生的一切事件必定服从精确的规律。所有这一切都既是发现又是掩盖，以致我们现在把它们当作不言而喻的真理。”② 换言之，在用数学方法来考察世界并发现世界的科学规律的同时，伽利略也为“生活世界”披上了一件“理念的外衣”。于是，在这件外衣的掩盖下，被科学理念化了的自然不知不觉地取代了前科学的直观的自然，而形成于“生活世界”基础之上的“逻辑的亚建筑”反倒回过头来统治了“生活世界”本身。如果按照胡塞尔的观点，认为造成上述状况的原因，首先在于人们将数学视为把握世界的基本工具而委之以普遍性的任务，那么，这种做法实际上反映了欧洲自启蒙运动以来理性主义思潮的极度膨胀——在一种偏执的理性观中，“世界本身必须是理性的世界，这种理性是在数学或数学的自然中所获得的新的意义上的理性；相应地，哲学，即关于世界的普遍的科学，也必须被建构成为一种‘几何式的’统一的理性的理论”。③

事实的确如此。譬如在黑格尔哲学那里，我们所看到的，

① 张廷国．重建经验世界——胡塞尔晚期思想研究［M］．武汉：华中科技大学出版社，2003. 119

② 谢劲松．胡塞尔传［M］．武汉：长江文艺出版社，2002. 175

③ 张廷国．重建经验世界——胡塞尔晚期思想研究［M］．武汉：华中科技大学出版社，2003. 118

便正是在“几何式的”严密推演中形成的庞大的概念和范畴体系，是试图总结世界运动发展的普遍规律以涵盖自然、社会及人类思维等所有领域的辩证法，是可以用来认识一切事物、解决一切问题的“逻各斯”。国学大师梁漱溟曾说：“西洋人自秉持为我向前的态度，使人与自然之间，人与人之间产生了罅隙。……罅隙愈来愈大，很深刻地划离开来，就弄得自然对人像是很冷，而人对自然更是无情。无复那古代以天地拟人而觉其抚有万物，像对人类很有好意而人也恭敬它，与它相依相亲的样子；并且，他们那理智分析的头脑把宇宙所有纳入他那范畴，悉化为物质，看着自然只是一堆很破碎的死物，人自己也归到自然内，只是一些碎物合成的。……在他们那里，宇宙和人生断裂隔阂，矛盾冲突，无情无趣，疲殆垂绝。”[①] 应该承认，梁老先生的这番议论，着实戳中了西方理性与科学文明的痛处，但也似乎有点偏激，因为近代以来的历史证明，理性和科学造福于人类的作用同样是难以估量的。事实上，胡塞尔对欧洲理性与科学危机的批判，并不是反对理性和科学本身，而是反对对理性和科学的迷信与盲从，反对信奉“理性万能”、“科学万能”的唯理性主义、唯科学主义。正是在这个意义上，施皮格伯格指出，现象学在抵制现代科学中的“从简化的抽象开始而以最低限度科学概念的词汇结束”这一倾向时，“它本身并不需要否认简化对于有限目标的正当性和用处，但是它有权利和义务反对那种自认为提供了有关现实的唯一合理的和完满的图画的简化”。[②] 就此而论，伽利略和黑格尔的失误，也都不在于他们用理性和科学来考察世界，而在于他们用理性和科学来吞并现实，认为以一种所谓“用头立地”的态度将世界削足适履地塞入理性和科学的框架内就万事大

① 于语和，庚良辰．近代中西文化交流史论［M］．太原：山西教育出版社，1997.11

② 赫伯特·施皮格伯格．现象学运动［M］．王炳文，张金言译．北京：商务印书馆，1995.920~921

吉。在这里，以颠覆中世纪的神学霸权为己任的理性和科学，发展至此显然已开始走向它的反面，成为了一种新的“霸权”。诚如国内学者王治河所言：“现代性的典型态度是什么呢？概言之就是‘霸道’。……顾名思义，霸道者之所以霸道，是因为自以为自己是道，也就是真理的唯一拥有者。……这种霸道的一个核心表现就是‘唯我独尊’，表现在人与自然的关系上是剥削自然，表现在理性和感性的关系上是蔑视感性，表现在科学与非科学的关系上是科学沙文主义。”①

麦克卢汉无疑领教过这种“霸道”。在20世纪50年代于哥伦比亚大学师范学院所作的一次演讲中，他就曾当场遭到美国社会学家默顿（默顿1936年获哈佛大学社会学博士学位，曾任图兰大学和哥伦比亚大学社会学系教授，并在长达35年的时间内与拉扎斯菲尔德保持合作关系，共同将哥伦比亚大学应用社会研究局发展成为大众传播研究最重要的诞生地之一，在开拓传播学的实证研究道路方面贡献巨大）的猛烈攻击。据说，从默顿开始逐句批判麦克卢汉发言的那一刻起，整个报告大厅就变成了一个“学术法庭”——默顿像法官一样宣读法律条文，判定作为被告的麦克卢汉有罪，质问他为何要谋杀做学问的规范程序。在这里，默顿当然是以一个“正统”的社会科学学者的眼光来看待麦克卢汉的，而后者对于前者所持的那样一种傲慢专横的态度，似乎也已司空见惯，以至彼时并未作出什么争辩。事实上，早在其博士学位论文中，麦克卢汉就从文学的角度检讨了西方文明的“现代偏向”，认为“这种偏向的结局，是牛顿式世界观及其钟表式精确性在19世纪欧洲的胜利”。② 而在后来的传播学研究中，他更是屡次谈道，其加拿大草原的成长经历难能可贵地提供了一个认识现代文明

① 克里斯托夫·霍洛克斯．麦克卢汉与虚拟实在［M］．刘千立译．北京：北京大学出版社，2005. 23～24

② Eric McLuhan, Frank Zingrone. *Essential McLuhan*. Stoddart Publishing Co., 1995, p. 1

的“反环境”，使自己能以一种“清新的观点”来审视周遭的一切，并坚信：“小学生们都生活在一个非常浩瀚的世界中，这个世界比任何科学家靠仪器测算或观念描绘的世界都要浩瀚得多。”[①] 如果说每个人的童年世界的“浩瀚”，皆来自于它尚未陷入理性和科学的牢笼而在相当程度上还保存着“生活世界”的特征，那么麦克卢汉对于童年世界的特别看重，正表明一向坚持反省理性与科学之困境的他，已然实现着向“生活世界”的回归。

梅洛-庞蒂曾经指出：“我所知道的，即通过科学所知道的关于世界的一切，都是根据我对世界的看法或体验才被我了解的，如果没有体验，科学符号就无任何意义。整个科学世界是在主观世界之上构成的，如果我们想严格地思考科学本身，准确地评价科学的含义和意义，那么我们应该首先唤起对世界的这种体验，而科学则是这种体验的间接表达。基于科学是对世界的一种规定或解释这个简单的理由，科学与被感知的世界过去没有，将来也决不会有同样的存在意义。”[②] 换句话说，现象学眼中的“世界”如前所述，乃是一个我们所能感知到的世界，因此所谓回归“生活世界”，实际上就是要将理念化的科学世界还原为作为其意义之源而为之提供存在依据的直观的经验世界——即“不是探讨世界在观念中之所是，如果我们已经使世界成为讨论的主题的话，而是探讨在主题化之前世界实际上为我们之所是”。[③] 在这里，既然如胡塞尔所言，“向生活的素朴性回溯”是作为“克服那种处于传统的、客观的哲学的所谓‘科学性’之中的哲学素朴性（即缺乏通过向生

① Eric McLuhan, Frank Zingrone. *Essential McLuhan.* Stoddart Publishing Co., 1995, p. 170

② Maurice Merleau-Ponty. *The Phenomenology of Perception.* transl. by C. Smith. Routledge, 1962, pp. Ⅱ - Ⅲ

③ Maurice Merleau-Ponty. *The Phenomenology of Perception.* transl. by C. Smith. Routledge, 1962, p. Ⅹ

活的素朴性回溯而进行自我反思的传统哲学的自然态度——引者注）”的“唯一可能的道路”① 而被我们所要求的，那么对于“生活世界”这样一个纯粹明证性领域的“回溯”，当然也就必须诉诸与追踪某种人们无法从其普通经历中获知的现实的科学思维彻底决裂了的，因投身于自我内在意识而得以重返日常生活体验之“素朴性”的现象学方法。正是在这个意义上，梅洛－庞蒂说，海德格尔的“In-der-Welt-Sein”（在—世界中—存在）只可能出现在现象学还原的基础之上。而神往于“生活世界”的麦克卢汉之所以抵制书面逻辑，并倡导媒介研究者把“以直接经验为基础”的俚语当作他们考察“变化中的感知结构的指南”，② 其理由恐怕也就在这里。

然而如前所述，作为一门源发于传统社会科学的新兴学科，传播学的主流研究与生俱来地带有浓厚的行为与功能主义色彩。譬如在《大众传播模式论》中，英国传播学家麦奎尔和瑞典传播学家温德尔就曾根据历史上诸多学者的理论概括而绘制了30余种不同类别的传播模式图。虽然作者希望借此为人们提供一个关于大众传播活动的全方位、多层次的详尽描述，但鉴于“模式不可避免地具有不完整、过分简单以及含有某些未经阐明的假设等缺陷”，③ 作者本人也意识到这一目标其实是难以实现的。事实上，作为一种主要的传播类型，大众传播所涉及的政治、经济、文化、社会等因素之广，绝非区区几组模式所能概括。而当这些模式煞有介事地大行其道时，传播学所失去的，便正是它们妄图取代但却终究无法取代的“生活世界”本身。反言之，随着科学理性越来越普遍地在传

① 张廷国．重建经验世界——胡塞尔晚期思想研究［M］．武汉：华中科技大学出版社，2003. 134～135

② 马歇尔·麦克卢汉．理解媒介——论人的延伸［M］．何道宽译．北京：商务印书馆，2000. 25

③ 丹尼斯·麦奎尔，斯文·温德尔．大众传播模式论［M］．祝建华，武伟译．上海：上海译文出版社，1987. 4

播学界遭到质疑，借助现象学方法的引入而使自身从那充满了各种干瘪而枯燥的数据、公式、图表和模型的理念化世界中解脱出来，应该就是传播学研究在当前新的历史条件下所要彰显的一个突出特征罢。

“沉入最原始、最彻底遗忘的底层，回溯到源头，取回一些东西，追问起点和终点。”——这是麦克卢汉经常吟诵的英国诗人艾略特的名句。而所谓需要“取回”的东西，显然就是长久以来在“理性”与“科学”的名义下被抹杀掉的“生活世界”的原初的丰富性。如果说胡塞尔之后，“生活世界”作为一个哲学概念，经过众多哲学家的重述和引申而俨然成为20世纪西方哲学的“世纪话题”，标志着传统哲学向生存哲学的重大转型，并令整个人文社会科学研究都日益注重对于“存在”本身的探寻，那么可以肯定，通过麦克卢汉对于现象学方法的运用，我们终于也得以在传播学领域中真切听到了回归“生活世界”的时代潮音。

6.3 现象学方法敞开了传播学研究的思维视域

马尔尚指出：“专家的毁灭性的权威，被麦克卢汉比喻为使人眼花的电筒，这是他终身研究的主题。就麦克卢汉的观点来说，专家不知道的东西、没有提到的问题，才是他的领域里最重要的东西。一旦对此有所了解，就可以获得一些真正的洞见。”① 基于这样一种藐视权威的立场，麦克卢汉同样也反对人们把他本人视作“权威”。他屡屡强调，他从事研究，绝不是在进行说教，并不想给人们留下什么永垂不朽的至理名言，因此不希望任何人——包括他自己——止步于他既有的著述。他曾谦逊地说道：“我在探索。我不知道这些探索会把我带到

① Philip Marchand. *Marshall McLuhan*：*The Medium and the Messenger*. MIT Press，1998，p. 30

哪里。……我的书只构成探索的过程，而不是终极发现的产品。……我从来没有把探索的结果当做揭示的真理。……事实上，如果后来的发展并不能证明我的观点，如果我发现自己的言论并不能有助于对问题的了解，我随时准备抛弃我就任何课题发表过的任何言论。我的工作比较好的一个方面，有一点像开保险柜的工匠的工作。我探索、倾听、试验、接受、抛弃。我尝试不同的序列，直到制动栓下落、保险柜门弹开。”①

无独有偶，一生都在深邃的思想领域内作纯理论的艰辛探索的胡塞尔，也自称是一个哲学上的“永远的漫游者”。由于也像麦克卢汉那样始终对教条主义予以坚决抵制，胡塞尔不仅使现象学在他本人手中迭经变化，更令现象学通过接受后人的反思、改造和扬弃而得以呈现出各种各样的不同面貌。正如他以“现象学”的名义要求人们摆脱一切既定的事物一样，海德格尔、舍勒、迦达默尔、萨特、梅洛-庞蒂、施密茨、德里达等人也都纷纷以同样的名义要求各自的哲学独立于已有的现象学。在这个意义上，利科指出：“现象学的很大一部分是由胡塞尔—异端的历史所组成的。大师的作品所指明的建构方式所带来的一个结果就是使胡塞尔—正统派无法形成。”② 这也就是说，现象学对于任何传统来说都是突破，但这种突破可以一再地被“复制”：一旦现象学成为一种新的传统，那么它所主张的对传统的反叛，必然迟早也会适用于其自身——简言之，现象学最初所提出的主张中便已隐含了这一思想运动走向分裂的前提。

很明显，这个“前提”就是“回到实事本身”，就是相信自我直观的唯一可靠性，就是让一切事物在全然不受干扰和遮蔽的情况下如其所是地呈现出来。由于除了那些被直接给予的

---

① Eric McLuhan, Frank Zingrone. *Essential McLuhan*. Stoddart Publishing Co., 1995, p. 236

② 倪梁康．现象学运动的基本意义——以此纪念现象学运动一百周年［A］．面对实事本身——现象学经典文选［C］．倪梁康编．北京：东方出版社，2000. 8

“现象”外，现象学别无依傍也别无图谋，故它注定不可能发展成为一种体系化的甚或体制化的学说。正如梅洛－庞蒂所宣称的，现象学的未完成状态并不是失败的标志，因为在哲学仍然忠实于自己的意志的情况下，它永远只会是一种面向事情本身的“无止境的沉思”，而无法知道自己终将何往。一般认为，现象学所坚持的这种纯粹实事性的认识态度使得它始终不过是指示性的——如果说胡塞尔所谓“我不想教诲，只想表达和描述我所看到的东西”云云已然道明了这一点，那么通过玩味海德格尔的“路标”这一更为言简意赅的提法，我们似乎尤能领悟到，现象学的功能其实就在于引导人们走向自己活生生的生活体验而去实实在在地感知丰富多彩的现象世界。美国文化学家库恩斯说过：“麦克卢汉凭借直觉说话。不仅如此，他还拓展直觉，使之带着唤醒的能力回到这个世界。我们该向麦克卢汉学什么呢？——感知，感知，感知。”① 在本书看来，多伦多大学同事沃尔夫关于某次与麦克卢汉到一家无上装女招待饭店用餐经历的下述回忆，即可证明库恩斯所言非虚：

不到30秒钟，麦克卢汉就把整个场面归纳成了……理论。他微收下颌说：

“真有趣！”

“什么有趣，马歇尔？”

“她们身穿我们。”他耸耸肩，仿佛这是明摆着的事实。

“什么意思，老兄？”

“我们是她们的衣服，是她们环境的一部分，是她们肌肤的延伸。她们身穿我们。”②

---

① Eric McLuhan, Frank Zingrone. *Essential McLuhan*. Stoddart Publishing Co., 1995, p. 271

② Philip Marchand. *Marshall McLuhan: The Medium and the Messenger*. MIT Press, 1998, p. 184

可见，对于麦克卢汉来说，周遭的环境中几乎已没有他不感兴趣的东西。他会不断地问自己和别人，一盏路灯、一幢楼房、一辆汽车究竟意味着什么？用他自己的话说："在研究媒介的人眼中，当代世界总体马赛克的每一个细部都栩栩如生，充满了生活的意义。"① 事实上，现象学作为一种"不阻塞"、"不设界"的思维方法，其特别令人叹服之处，即在于它以前所未有的勇气与魄力直面各种现象——包括那些常被忽略或受到鄙夷的边缘性的现象，从而极大地拓展和丰富了我们的经验世界，也使我们的认识获得了无限开放的视域，由此可以在众多相近、相似，或者相异乃至相反的路径上不断作出积极的探寻。正如瓦尔登费尔茨所指出的："现象学？它肯定不是一个整体的团块。……只要它是活的现象学，它就代表着一种灵活的看和问的方式，它具有各种不同的方向，始终进行着新的尝试而不是僵化为一个固定的同一。"②（这样看来，当卢卡奇以现象学缺乏统一的理论来质疑其合法性时，他显然没有意识到，现象学运动的这种"分化"其实是在更加深远和广泛的意义上延续并充实着现象学的生命）也正是基于这个原因，海德格尔每于论及现象学时，总爱把"可能性"三个字挂在嘴边。按照他的讲法，现象学的伟大除了表现为它是对"可能性"的发现外，断不表现为任何别的东西，故对于本质上并非现实地作为一个哲学流派的现象学，应该把它仅仅当成"可能性"来加以领会——而这里所谓的"可能性"，便是"不时地自我改变并由此而持存着的思的可能性，即能够符合有待于思的东西的召唤"。③

---

① Philip Marchand. *Marshall McLuhan：The Medium and the Messenger.* MIT Press, 1998, p. 158

② 倪梁康．埃德蒙德·胡塞尔的现象学［A］．胡塞尔选集（上卷）［C］．倪梁康编．上海：三联书店，1997. 1

③ 马丁·海德格尔．面向思的事情［M］．陈小文，孙周兴译．北京：商务印书馆，1999. 98

因此，如果说“现象学家是对世界上及他的内在意识中所发生的一切进行观察的一位普遍的观看者”，① 那么较之传播学研究的实证方法和批判方法，现象学方法的最大的优越性，无非就在于它使“观看一切”成为可能，从而彻底冲决了前二者由其基本的理论预设所筑就的思维藩篱。可以说，在传统的实证研究和批判研究日见局限而很难再有重大突破性成果的今天，传播学的理论建设亟待以大胆的探索谋求新的发展、开辟新的局面。而为之提供一种“思的可能性”，乃应正是麦克卢汉将现象学方法引入传播学研究的根本意义所在。显然，马尔尚十分清楚地看到了这一点，故他在麦克卢汉传记的开头和结尾所写下的这些文字，完全可以为这位生前身后都饱受争议的传主盖棺定论：

作为一个总体的成果，他的书在未来的年代里必定将是一个发掘不完的宝藏。聪明的探宝者将要在他的书中寻找价值连城的东西。这些聪明的探宝者知道，他们不必计较他那明显的夸张和狂放的驰想。他们会忽略他关于汽车行将消亡的预言，他们甚至会绕开他的一些正确的预言——比如，《理解媒介——论人的延伸》早在微型录像带问世之前20年就已作出了这样的判断：“目前，电影可以说仍然处在手稿的阶段，但不久，它在电视的压力下就会进入便于携带、人人都买得起的印刷书籍那样的阶段。”……他的预言，无论其正确与否，绝对不是真正意义上的麦克卢汉宝藏。他的宝藏是他有能力给人以刺激。用马修·阿诺德的话说：“新鲜和自由的思想像一股清泉，在我们陈腐的观念上流过。”这样的能力始终是他的非凡之处，而且至今仍然是无与伦比的能力。它将会使麦克卢汉的著作在未来很长的时期里充满活力。……也许正是由于这个

---

① 维克多·维拉德－梅欧．胡塞尔［M］．杨富斌译．北京：中华书局，2002. 99

原因，对了解他的人和认真研究他的人来说，他不仅具有难以抗拒的魅力，而且是无可替代的。[1]

① Philip Marchand. *Marshall McLuhan*: *The Medium and the Messenger*. MIT Press, 1998, pp. 287–288, p. 3

7 余论：以方法论研究推进我国传播学的理论建设

本章认为在研究方法的薄弱业已成为阻碍我国传播学发展的巨大路障的情形下，必须以扎实的方法论研究来推进我国传播学的理论建设，指出在兼容并包地借鉴西方传播学的方法论思想时，鉴于现象学方法与中国传统思维方式颇有相通之处，我国学者尤应对这一相对易于为其所理解和接受的西方哲学方法给予高度重视，以通过对它的运用来开展具有中国特色的传播学研究。

7.1 “方法”是制约我国传播学发展的“瓶颈”

在关于麦克卢汉的各种评论中，有这样两句话是值得我们特别注意的：其一是美国文化学家波斯曼说：“他的所作所为是要给我们指明思考媒介的一种方法。……我们学到的一课，与其说是‘媒介即讯息’，不如说是‘方法即讯息’。”① 其二是法国社会学家德莫特说：“麦克卢汉将我们提升到某种特定的状态，其中方法便是一切。……离开了方法，我们也就失去了麦克卢汉。”② 的确，如果说麦克卢汉的媒介学说早已成为传播学的重要理论成果，那么这种成果的取得，无疑是倚仗于

① Philip Marchand. *Marshall McLuhan: The Medium and the Messenger.* MIT Press, 1998, p. Ⅷ

② Gerd Stearn. *McLuhan: Hot & Cool.* Penguin, 1968, p. 282

他运用现象学这样一种全新的哲学方法来研究传播学问题。从这个意义上讲，麦克卢汉的最大贡献或许并不是在其传播学研究中发现了多少“实事”，而是为传播学研究“发现”了现象学方法。英国哲学家怀特海说过，最伟大的发现就是发现了发现的方法。事实上，翻开任何一部哲学史，我们都会看到：解决哲学问题的前提往往在于解决“方法”问题，以至哲学史上的每一次变革几乎无不起因于方法论上的推陈出新。而对于各门具体科学来说，“当代科学活动的重大特点之一，也是以方法论问题作为形成科学各种崭新思想的必要条件。在对自然科学和人文社会科学的研究中，哲学反思不仅仅是刻画已有的科学形象，而且本身也参与实际的科学活动，并在某些方面对实际加以改造。以方法论为核心的哲学反思是超越科学中现成思维模式的不可或缺的手段，是获取科学突破的重要条件”。①

然而，我国的传播学研究一直缺乏强有力的“方法”支撑。前面已经说过，自20世纪80年代从西方引进传播学以来，实证主义的研究模式始终占据主流地位。传播学概论类的书籍，通常至少以大半篇幅介绍实证学派。但即便如此，有关论述亦大多限于归纳其纷繁复杂的理论观点，较少深入探究隐藏在这些理论观点背后的方法论思想。而在具体的学术实践中，由于我国的传播学研究在相当程度上脱胎于传统的新闻学研究，因此在旧有的思维方式与言说方式的影响下，对于实证方法的运用也不尽规范和准确。虽然近些年来，实证研究的数量已渐呈增长之势，但真正高水平的研究成果似乎还不多见。故从总体上看，我国传播学的实证研究目前仍处于初级阶段，对实证方法的学习与认知尚有待进一步加强，至于对它的消化、吸收、补充和改良则尤需假以时日了。相比之下，包括批判学派及以伊尼斯、麦克卢汉为代表的多伦多学派在内的各种

① 刘大椿．科学活动论·互补方法论［M］．桂林：广西师范大学出版社，2002. 315

非实证的传播学研究，显然更未得到应有的重视——对其理论观点的梳理与解读已然失之凌乱和肤浅，而对其研究方法的讨论则几乎还是一片空白。如前所述，迄今为止，仅在为数有限的若干文献中有过关于传播学研究的非实证方法的论述，并且也多是只言片语，既不系统又欠深度，很难令人满意。总之，如果说扎实的研究方法为任何一个学科的理论建设所必需，那么，我国的传播学正是因其研究方法的薄弱而在学术创新上显得力不从心。时下，传播学的各种专著和论文正如雨后春笋般地大量涌现。但在此“繁荣”表象的背后，这些作品中究竟有多少是无“方法”可言的，又有多少真正运用了地道的实证方法、批判方法抑或现象学方法？显然，这个值得深思的问题，目前似乎还没有引起我们的足够重视。

国内学者李琨指出：“在中国的传播学教学中，存在着一个轻视研究方法教学和研究的盲点。这种状况与传播学教育在中国的发展极不协调，与传播学教育发达的国家更有着相当大的差距。……与对传播理论的介绍和实际应用相比，对研究方法本身的研究和教学，是比较薄弱的。尽管近几年来有一些传播学院系开始设立了研究方法的课程，大多也限于具体的操作法和技巧。在教师和学生中存在着许多见木不见林的概念，特别是方法论方面的混乱认识。这种状况既影响传播学研究的深入，也不利于壮大我国的传播学教育。”① 毋庸讳言，方法论研究的严重滞后，业已成为阻碍我国传播学发展的巨大路障。而对于这个路障的清除，便是摆在我国传播学研究面前的一项艰巨任务。本书认为，只有很好地完成了这一任务，我国传播学研究的实质性的长足进步，才将是指日可待的。

---

① 李琨．关于传播学研究方法论若干问题的辨析［A］．北大新闻与传播评论［C］．程曼丽编．北京：北京大学出版社，2006. 187 ~188

7.2 兼容并包地借鉴西方传播学的方法论思想

作为少有的一位经常谈论中国文化的西方传播学家，麦克卢汉十分欣赏他所曾引用的美国物理学家卡普拉的这段话："我受过长期的理论物理学训练，又作了多年的研究。同时，我对东方的神奇思想感兴趣，开始看到它与现代物理学的相似之处。它使我想起量子论令人困惑的东西。但是一开始的时候，把两者联系起来纯粹是一种智力训练。如何弥合理性和分析的思维与真理的冥想体验两者之间的鸿沟，这个问题过去是，现在仍然是我的一个难题。"① 如果说卡普拉无法跨越这一"鸿沟"的原因，或许在于他并不了解现象学，那么麦克卢汉在谈及自己的传播学研究方法时提出卡普拉的"难题"，其实正表明了深知现象学恰可在某种意义上实现东西方不同思维方式之间的相互沟通的他，更是对所谓"真理的冥想体验"怀有相当的亲近感的。

事实上，现象学家以及受到现象学影响的学者，大都十分看重以道家学说为代表的中国古典思想。因为如前所述，现象学所揭示的，乃是一种纯粹构成性的发生境域，而这一点与同样不着眼于某种现成概念的道家学说颇为类似。相比之下，以"巴门尼德—柏拉图主义"为脊梁的西方传统哲学，无论其概念体系多么庞大、逻辑推理多么堂皇，都终究不能领会道家学说的精妙之处。我们知道，黑格尔曾将老子的"道"视作"单纯的、自身同一的、无规定的、抽象的统一"，认为它代表了一种"没有概念化"的、还"停留在无规定（或无确定性）之中"的"最浅薄的思想"。② 但海德格尔却宣称："此

---

① Eric McLuhan, Frank Zingrone. *Essential McLuhan.* Stoddart Publishing Co., 1995, p. 371

② 弗里德里希·黑格尔. 哲学史讲演录［M］. 贺麟，王太庆译. 北京：三联书店，1956. 131

'道'是那能够移动一切而成道之道路。在它那里，我们才第一次能够思索什么是理性、精神、意义、逻各斯这些词所原本地、即出自它们自身本性地要说出的东西。"[①] 如果说海德格尔在《道德经》中发现了一个比黑格尔所讲的"理性、精神、意义、逻各斯"更加本原的思想源泉，那么可以据此断定，西方哲学中与中国古典思想"有缘"的，不会是其传统的概念哲学，而只可能是现象学。正如张祥龙所指出的："任何一种还依据现成的概念模式——不管它是唯理论的还是经验论的，唯心论的还是实在论的——的哲学思想都极难与东方哲理思想，特别是中国古学进行有效的对话。但是，到了现象学的阶段，情况就大不一样了。它的思想方式是构成的而非概念抽象化的，在根本处容纳和要求着很多与具体的和变易着的境况相关的思路，因而在无形中消除了中西哲学对话中的最硬性的，也是最大的障碍。"[②]

国内学者刘钢曾经提到一个很有意思的现象："尽管在北美，麦克卢汉在严肃的学术界备受冷落，但在中国，麦克卢汉在传播学界却是享有盛名。翻开几乎任何一本传播学教材，都能见到专章介绍麦克卢汉的理论。"[③] 如果说麦克卢汉在西方"备受冷落"，是因为现象学的东西由于只能通过人们彼此之间基于各自感知体验的"视域融合"而被理解到，故根本无法求得科学实证，那么麦克卢汉之所以会在我国"享有盛名"，原因正在于"中国的传播学界多年来没有什么实证的传统，不像西方学者那样非要用实证的方法来检验麦克卢汉的理论后才肯信服"。[④] 西方学者"非要用实证的方法来检验麦克

① 张祥龙. 从现象学到孔夫子［M］. 北京：商务印书馆，2001. 197

② 张祥龙. 从现象学到孔夫子［M］. 北京：商务印书馆，2001. 191

③ 克里斯托夫·霍洛克斯. 麦克卢汉与虚拟实在［M］. 刘千立译. 北京：北京大学出版社，2005. 16

④ 克里斯托夫·霍洛克斯. 麦克卢汉与虚拟实在［M］. 刘千立译. 北京：北京大学出版社，2005. 17

卢汉的理论”的做法，当然在某种意义上反映了他们学术思想的僵化和学术视野的狭隘，而中国传统文化中重感性、重直觉、重体悟的思维特点，倒也的确能使我国学者与麦克卢汉心通灵犀。伽达默尔有言：“中国人现在不能没有数学、物理学和化学这些发端于希腊的科学而存在于世界。但是这个根源的承载力已经枯萎了。科学以后将从其他根源寻找养料，特别是从远东寻找养料。”① 可以说，在整个西方现象学界都对中国古典思想之作用于当代学术建构寄予期望的今天，本就接纳了并且偏爱着麦克卢汉的我国学者，显然有理由相信他所提示的现象学方法，是完全值得也能够被借鉴到我国的传播学研究中来的。

国际传播学会第49届年会曾经提出关于构建传播学研究的“多元视角和多维框架”的倡议。如果说这一方向业已成为世界各国传播学发展的大势所趋，那么，我国学者则应意识到：“建设有中国特色的传播学，需要充分发挥中国人思维方式的特点的优势和长处，需要给予那些注重解悟与领会，而非注重推理与辨析的成果，那些运用综合方式，把握全局，直指本质，而在分析方面不甚深入的成果以足够的重视，不要轻易地以不合‘学术规范’（指与国际——实际上是西方——惯例接轨的学术规范）为理由，对它们采取拒斥的态度。”② 这里可以肯定的是，在学习和吸收西方传播学的方法论思想时，我们既要“发挥中国人思维方式的特点的优势和长处”，就必须打破一味承袭实证方法的局面而对与中国古典思想意趣相投的现象学方法予以特别关注。当然，本书强调兼容并包，并非要置“学术规范”于不顾。事实上，中国传统思维方式虽与现象学方法有其相通之处，但毕竟不像后者那样是一种符合

① 洪汉鼎．百岁西哲寄望东方［N］．中华读书报，2001－07－25

② 屠忠俊．关于建设有中国特色的传播学的思考［J］．新闻与信息传播，2001（春季号）：28

“精神科学”之“严格性”的科学方法——尽管这种方法作为对一切固有标准和现成模式的否定，除了坚持最彻底的“直观”与“反思”外，从无通常所谓的“科学方法”的那些具体操作规程可言。因此，对于中国传统思维方式的价值的认同，并不意味着中国传统思维方式即可满足现代学术意义上的科学研究的需要，而不过是希望我国学者能够在其传播学研究中，凭借他们所谙熟的中国传统思维方式来更好地掌握和运用与之相对接近的现象学这一重要的西方哲学方法罢了。

附录一：麦克卢汉生平大事记

马歇尔·麦克卢汉生于1911年，卒于1980年。在四十余年的治学生涯中，他辗转于欧洲和北美各地，由默默无闻的英语文学教授转型为叱咤风云的传播学家，自立门户、屡创新说，终成传播学史上具有重要地位和深远影响的一代宗师。其生平事迹，颇多传奇色彩。现举要如下，以飨读者。

● 1911年，出生于加拿大阿尔伯达省埃德蒙顿市。

● 1928年，考入曼尼托巴大学，主修哲学和英语文学。

● 1930年，在《曼尼托巴人》上发表处女作《了不起的麦考利》。

● 1934年，负笈英伦，进入剑桥大学三一学院学习英语文学。

● 1936年，离英赴美，受聘威斯康星大学英语文学系助理教授。

● 1937年，辞去威斯康星大学教职，前往圣路易斯大学执教。

● 1939年，与科琳·凯勒结婚，同年重返剑桥大学攻读博士学位。

● 1943年，通过博士学位论文答辩，获得剑桥大学哲学博士学位。

● 1944年，回归故土，受聘阿桑普星学院英语文学系教授兼系主任。

● 1946年，受聘多伦多大学圣迈克学院教授，主讲英语文学。

● 1949年，与哈罗德·伊尼斯在多伦多大学相遇，开始转向传播学研究。

● 1951年，出版第一部专著《机器新娘——工业人的民俗》。

● 1953年，与埃德蒙·卡彭特合作提交的研究计划“变化中的语言模式和新兴的传播媒介”获得福特基金会的专项资助，同年创办跨学科研究刊物《探索》。

● 1955年，应邀赴哥伦比亚大学师范学院作传播学讲座，与罗伯特·默顿交锋。

● 1958年，应邀在全美广播电视教育工作者协会年会上发表演说，首次提出“媒介即讯息”的著名论断。

● 1959年，应邀出席华盛顿当代艺术研究院主办的“第一届世界文化领袖代表大会”，同年在美国国防教育法案的资助下为中小学生制定媒介教学计划。

● 1960年，完成《理解新媒介研究项目报告书》并交付出版。

● 1962年，出版《谷登堡星云——印刷人的诞生》。

● 1963年，创建多伦多大学文化与技术研究中心，自任研究中心主任。

● 1964年，出版代表作《理解媒介——论人的延伸》，系统阐述了其本人及多伦多学派的媒介思想。

● 1967年，依托文化与技术研究中心在多伦多大学开设“媒介与社会”研究生课程，同年移居纽约，受聘福德汉姆大学施韦策讲座教授。

● 1968年，重返多伦多大学任教，举办每周一次的传播学研讨会。

● 1969年，接受《花花公子》采访，在长篇访谈录中全面回顾了自己的学术思想轨迹。

● 1971年，为哈罗德·伊尼斯的代表作《帝国与传播》和《传播的偏向》撰写再版序言。

● 1975年，在《技术与文化》上撰文提出“媒介四定律”。

● 1976 年，在伍迪 · 艾伦的影片《安妮 · 霍尔》中出演其本人。

● 1977 年，出版生前最后一部专著《城市作为课堂：理解语言和媒介》。

● 1980 年，退休并关闭文化与技术研究中心，同年逝世于多伦多威栖伍德园 3 号家中。

附录二：麦克卢汉传播学著作要目

麦克卢汉一生笔耕不辍。其著述卷帙浩繁，几可等身。大量散布于各种报章杂志中的作品搜罗不尽，故此处所列，仅限以单行本行世的传播学专著和文集。挂一漏万，读者谅之。

中文译本

- 理解媒介——论人的延伸［M］. 何道宽译. 北京：商务印书馆，2000
- 麦克卢汉精粹［G］. 埃里克·麦克卢汉，弗兰克·秦格龙编. 何道宽译. 南京：南京大学出版社，2000
- 机器新娘——工业人的民俗［M］. 何道宽译. 北京：中国人民大学出版社，2004
- 麦克卢汉书简［G］. 梅蒂·莫利纳罗，科琳·麦克卢汉，威廉·托伊编. 何道宽，仲冬译. 北京：中国人民大学出版社，2005
- 麦克卢汉如是说：理解我［G］. 斯蒂芬妮·麦克卢汉，戴维·斯坦斯编. 何道宽译. 北京：中国人民大学出版社，2006

英文原版

- *Report on Project in Understanding New Media.* National Association of Educational Broadcasters, 1960
- *Explorations in Communication.* Beacon Press, 1960
- *The Gutenberg Galaxy: The Making of Typographic Man.* Uni-

versity of Toronto Press, 1962

- *The Media Is the Massage: An Inventory of Effects.* Bantam, 1967
- *War and Peace in the Global Village.* Bantam, 1968
- *Culture Is Our Business.* McGraw Hill, 1970
- *Take Today.* Harcourt Brace Jovanovich, 1972
- *City as Classroom: Understanding Language and Media.* Book Society of Canada Limited, 1977
- *Laws of Media: The New Science.* University of Toronto Press, 1988
- *The Global Village: Transformations in World Life and Media in the 21st Century.* Oxford University Press, 1989

参考文献

中文文献

[1] 马歇尔·麦克卢汉. 理解媒介——论人的延伸[M]. 何道宽译. 北京：商务印书馆，2000

[2] 马歇尔·麦克卢汉. 机器新娘——工业人的民俗[M]. 何道宽译. 北京：中国人民大学出版社，2004

[3] 哈罗德·伊尼斯. 帝国与传播［M］. 何道宽译. 北京：中国人民大学出版社，2003

[4] 哈罗德·伊尼斯. 传播的偏向［M］. 何道宽译. 北京：中国人民大学出版社，2003

[5] 克里斯托夫·霍洛克斯. 麦克卢汉与虚拟实在[M]. 刘千立译. 北京：北京大学出版社，2005

[6] 威尔伯·施拉姆，威廉·波特. 传播学概论［M］. 陈亮，周立方，李启译. 北京：新华出版社，1984

[7] 埃弗瑞特·罗杰斯. 传播学史——一种传记式的方法［M］. 殷晓蓉译. 上海：上海译文出版社，2002

[8] 丹尼斯·麦奎尔，斯文·温德尔. 大众传播模式论［M］. 祝建华，武伟译. 上海：上海译文出版社，1987

[9] 约翰·费斯克. 关键概念：传播与文化研究辞典［M］. 李彬译. 北京：新华出版社，2004

[10] 尹韵公，明安香. 传播学论文选萃［C］. 南京：南京师范大学出版社，2000

[11] 程曼丽. 北大新闻与传播评论［C］. 北京：北京大学出版社，2006

[12] 王岳川. 媒介哲学［C］. 开封：河南大学出版

社，2004

［13］肖小穗．传媒批评——揭开公开中立的面纱［M］．哈尔滨：黑龙江人民出版社，2002

［14］石义彬．单向度、超真实、内爆——批判视野中的当代西方传播思想研究［M］．武汉：武汉大学出版社，2003

［15］屠忠俊，吴廷俊．网络新闻传播导论［M］．武汉：华中科技大学出版社，2002

［16］陈燕，陶丹，李广增．传播学研究方法［M］．北京：科学出版社，2002

［17］李彬．媒介话语——新闻与传播论稿［M］．北京：新华出版社，2005

［18］李彬．传播学引论［M］．北京：新华出版社，2003

［19］张咏华．大众传播学［M］．上海：上海外语教育出版社，1992

［20］埃德蒙德·胡塞尔．逻辑研究［M］．倪梁康译．上海：上海译文出版社，1994

［21］埃德蒙德·胡塞尔．笛卡尔式的沉思［M］．张廷国译．北京：中国城市出版社，2002

［22］埃德蒙德·胡塞尔．现象学的观念［M］．倪梁康译．上海：上海译文出版社，1986

［23］埃德蒙德·胡塞尔．纯粹现象学通论［M］．李幼蒸译．北京：商务印书馆，1995

［24］埃德蒙德·胡塞尔．内在时间意识现象学［M］．杨富斌译．北京：华夏出版社，2000

［25］埃德蒙德·胡塞尔．哲学作为严格的科学［M］．倪梁康译．北京：商务印书馆，1999

［26］埃德蒙德·胡塞尔．欧洲科学危机和超验现象学［M］．张庆熊译．上海：上海译文出版社，1988

［27］马丁·海德格尔．形而上学导论［M］．熊伟，王

庆节译．北京：商务印书馆，1996

［28］马丁·海德格尔．存在与时间［M］．陈嘉映，王庆节译．北京：三联书店，1999

［29］马丁·海德格尔．面向思的事情［M］．陈小文，孙周兴译．北京：商务印书馆，1999

［30］马丁·海德格尔．林中路［M］．孙周兴译．上海：上海译文出版社，2004

［31］汉斯－格奥尔格·伽达默尔．真理与方法［M］．洪汉鼎译．上海：上海译文出版社，2004

［32］莫里斯·梅洛－庞蒂．知觉的首要地位及其哲学结论［M］．王东亮译．北京：三联书店，2002

［33］让－保罗·萨特．存在与虚无［M］．陈宣良译．北京：三联书店，1997

［34］让－保罗·萨特．辩证理性批判［M］．徐懋庸译．北京：商务印书馆，1963

［35］赫尔曼·施密茨．新现象学［M］．庞学铨，李张林译．上海：上海译文出版社，1997

［36］卡尔·雅斯贝尔斯．时代的精神状况［M］．王德峰译．上海：上海译文出版社，2005

［37］雅克·德里达．声音与现象［M］．杜小真译．北京：商务印书馆，1999

［38］雅克·德里达．胡塞尔《几何学的起源》引论［M］．方向红译．南京：南京大学出版社，2004

［39］倪梁康．面对实事本身——现象学经典文选［C］．北京：东方出版社，2000

［40］赫伯特·施皮格伯格．现象学运动［M］．王炳文，张金言译．北京：商务印书馆，1995

［41］维克多·维拉德－梅欧．胡塞尔［M］．杨富斌译．北京：中华书局，2002

［42］倪梁康．现象学及其效应——胡塞尔与当代德国哲

学［M］．北京：三联书店，1994

［43］倪梁康．胡塞尔现象学概念通释［M］．北京：三联书店，1999

［44］张廷国．重建经验世界——胡塞尔晚期思想研究［M］．武汉：华中科技大学出版社，2003

［45］张祥龙．朝向事情本身——现象学导论七讲［M］．北京：团结出版社，2003

［46］张祥龙．从现象学到孔夫子［M］．北京：商务印书馆，2001

［47］刘杰．科学的形上学基础及其现象学的超越［M］．济南：山东大学出版社，1999

［48］尼吉尔·温特沃斯．绘画现象学［M］．董宏宇，王春辰译．南京：江苏美术出版社，2006

［49］卡尔·马克思．1844 年经济学—哲学手稿［M］．北京：人民出版社，1979

［50］马克思恩格斯选集［C］．北京：人民出版社，1972

［51］毛泽东选集［C］．北京：人民出版社，1991

［52］巴甫洛夫全集［C］．北京：人民卫生出版社，1959

［53］伊曼努尔·康德．纯粹理性批判［M］．邓晓芒译．北京：人民出版社，2004

［54］弗里德里希·黑格尔．哲学史讲演录［M］．贺麟，王太庆译．北京：三联书店，1956

［55］格奥尔格·卢卡奇．历史与阶级意识——关于马克思主义辩证法的研究［M］．张西平译．重庆：重庆出版社，1989

［56］张一兵．文本的深度耕犁——西方马克思主义经典文本解读［M］．北京：中国人民大学出版社，2004

［57］高宣扬．新马克思主义导引［M］．台北：远流出

版公司，1995

［58］昂惹勒·克勒默－马里埃蒂．实证主义［M］．管震湖译．北京：商务印书馆，2001

［59］马克斯·韦伯．社会科学方法论［M］．杨富斌译．北京：华夏出版社，1999

［60］埃米尔·迪尔凯姆．社会学方法的规则［M］．胡伟译．北京：华夏出版社，1999

［61］刘大椿．科学活动论·互补方法论［M］．桂林：广西师范大学出版社，2002

英文文献

［1］Marshall McLuhan. *The Gutenberg Galaxy: The Making of Typographic Man.* University of Toronto Press, 1962

［2］Marshall McLuhan. *Report on Project in Understanding New Media.* National Association of Educational Broadcasters, 1960

［3］Marshall McLuhan, Eric McLuhan. *Laws of Media: The New Science.* University of Toronto Press, 1988

［4］Marshall McLuhan, Bruce Powers. *The Global Village: Transformations in World Life and Media in the 21st Century.* Oxford University Press, 1989

［5］Marshall McLuhan, Edmund Carpenter. *Explorations in Communication.* Beacon Press, 1960

［6］Marshall McLuhan, Quentin Fiore, Jerome Agel. *The Medium Is the Message: An Inventory of Effects.* Bantam, 1967

［7］Marshall McLuhan, Quentin Fiore, Jerome Agel. *War and Peace in the Global Village.* Bantam, 1968

［8］Eric McLuhan, Frank Zingrone. *Essential McLuhan.* Anansi, 1995

[9] Harold Innis. A Bibliography of Thorstein Veblen. *Southwestern Political and Social Science*, 1929 (1)

[10] Philip Marchand. *Marshall McLuhan: The Medium and the Messenger.* MIT Press, 1998

[11] Finkelstein Sidney. *Sense and Nonsense of McLuhan.* International Publishers, 1968

[12] Gordon Terrence. *Marshall McLuhan: Escape into Understanding.* Stoddart, 1997

[13] Gordon Terrence. *McLuhan for Beginners.* Writers and Readers Publishing Inc, 1997

[14] Sanderson George. *Marshall McLuhan: The Man and His Message.* Fulcrum, 1989

[15] Theall Donald. *The Medium Is the Rear View Mirror: Understanding McLuhan.* McGill-Queen's University Press, 1971

[16] Stearn Emanual. *McLuhan: Hot & Cool.* Penguin, 1968

[17] Patterson Graeme. *History and Communications: Harold Innis, Marshall McLuhan, and the Interpretation of History.* University of Toronto Press, 1990

[18] Daniel Czitrom. *Media and the American Mind: From Morse to McLuhan.* The University of North Carolina Press, 1982

[19] Wasser Frederick. Current Views of McLuhan. *Journal of Communication*, 1998 (3)

[20] Dobbs Kildare. *What Did You Say, Professor. Star Weekly*, March 10, 1962

[21] Stephen Littlejohn. *Theories of Human Communication.* Wadsworth Group of Thomson Learning, 2002

[22] Melvin Defleur, Sandra Ball-Rokeach. *Theories of Mass Communication.* New York Longman Press, 1989

[23] Wright Russell. *Mass Communication: A Sociological Perspective.* New York Random House, 1985

[24] Crowley Mitchell. *Communication Theory Today.* Cambridge Press, 1994

[25] Carey Horace. *Communication as Culture: Essays on Media and Society.* Unwin Hyman, 1989

[26] Everett Rogers. *The New Media in Society.* New York Free Press, 1986

[27] Taylor Sarinen. *Imagologies: Media Philosophy.* Routledge, 1994

[28] Nick Stevenson. *Understanding Media Cultures: Social Theory and Mass Communication.* SAGE Publications, 1995

[29] Poster Scannell. *Culture and Power: Media, Culture and Society Reader.* SAGE Publications, 1992

[30] Meyrowitz Joshua. *No Sense of Place: The Impact of Electronic Media on Social Behavior.* Oxford University Press, 1986

[31] Richard Coyne. *Technoromanticism: Digital narrative, Holism and the Romance of the Real.* MIT Press, 1999

[32] Michael Heim. *The Metaphysics of Virtual Reality. Oxford University Press*, 1993

[33] Raymond Williams. *Keywords: A Vocabulary of Culture and Society.* HarperCollins Publishers Ltd, 1976

[34] Maurice Merleau-Ponty. *The Phenomenology of Perception.* transl. by C. Smith. Routledge, 1962

人名索引

F

G

H

M

S

T

W

X

Y

注：

1. 该索引仅涉及本书正文（不包括摘要、序言、附录、参考文献、后记以及全书标题和注释）中出现的人物名称。

2. 该索引总体上按人名（包括中文译名）姓氏汉语拼音的第一个字母顺序排列。

3. 同一字母序列中的人名按其在本书正文中首次出现的先后次序排列。

后 记

摆在读者诸君面前的这本小书，是根据我的博士学位论文修订而成的。

如果说麦克卢汉和现象学分别是传播学研究和哲学研究中的“难点”，那么选择以此二者的结合作为主题来撰写博士学位论文，不仅将面对巨大的困难与挑战，更意味着要踏入一片前人几乎未曾涉足的领域。我开始师从吴廷俊教授攻读博士学位时，由于当时的华中科技大学新闻与信息传播学院尚未获得新闻传播学的博士学位授予权，我不得不进入导师挂靠招生的华中科技大学教育科学研究院做“教育传播”方向的研究。没有想到的是，正是在教科院这一年的学习使我与西方哲学发生了接触，更对现象学产生了浓厚兴趣。记得那是2002年岁末的一个下午，“西方哲学专题”的主讲教师高秉江教授来到我们所在的博士生宿舍做考前答疑，室友龚孝华博士与之探讨有关教育现象学的各种问题，气氛一时颇为热烈。老师走后，深受启发的我又与几位同学讨论良久，已隐约悟到以麦克卢汉为桥梁来沟通现象学方法与传播学研究的可能性。随着一条全新的博士学位论文选题思路在脑海中初步浮现，当我离开宿舍，骑车穿过梧桐萧瑟的校园时，面迎凛冽的寒风，竟感到了一种前所未有的清新和爽快。

这无疑是一个大胆的构想，机遇与风险并存。在接下来的时间里，我首先与导师交换看法，争取他的同意，同时向研究现代西方哲学的专家请教，在其指导下系统阅读了一批现象学的经典原著，并负笈狮城，前往新加坡南洋理工大学传播与信息学院收集有关麦克卢汉的外文文献。正式动笔后，由于各种疑难问题层出不穷，论文三易其稿，答辩两度推迟，其间的酸甜苦辣，真是如鱼饮水，冷暖自知。如今论文不仅得以完成，并且将以专著形式面世。我深知，这完全是一种集体努力的结果——除我自已外，很多人的心血凝聚其中。

首先，我要感谢我的导师吴廷俊教授。论文从最初选题到最后定稿，始终在先生的悉心教诲下进行。尽管先生工于治史，对西方哲学不太熟悉，但他却极力鼓励我的这项研究，毫无遮短之意。其胸襟气度足以为人师表、垂范后学。

其次，我要感谢我的另一位恩师张廷国教授。我之所以有可能在短时间内稍窥现象学的门径，全仗先生指点迷津。没有先生在哲学专业知识上的开导，欲要从事这样一项跨学科研究乃是不可想象的。

再次，我要感谢欧阳康教授、张曙光教授、单波教授、孙旭培教授、屠忠俊教授、张昆教授和刘洁教授。诸位先生在论文的开题、中期考核、初稿审阅及答辩过程中均曾提出大量宝贵的意见和建议，使我受益匪浅。此外，暨南大学出版社和中国博士后科学基金对本书的出版也给予了大力支持与资助。这在学术著作出版困难的今天，对于任何一个有志于献身学术的青年来说，都是莫大的鼓舞和激励。

最后，我还要特别感谢我的父母和妻子。他们对我的精神支持和生活照顾是使我能在长达五年的“攻博持久战”中坚持到底的强大动力。我相信，在接下来的博士后研究乃至今后更长远的事业发展中，来自家庭的期许都将以一种最深沉的方式推动我的前行。

尽管本书在正式出版前已经反复修改、补充和完善，但由于本人学识浅薄，驾驭如此深奥的课题尚显功力不足，加之论题新颖，前人可资借鉴的研究成果不多，故最终成稿恐怕仍难尽如人意。书中一切观点，姑妄言之，聊备一说，仅供参考。谬漏之处，敬请各位方家指正。

谨以此书献给所有关心和帮助过我的人！

范 龙

2008 年 11 月 8 日